Spanish for Reading and Translation

Annette Grant Cash
Georgia State University

James C. Murray
Georgia State University, Emeritus

PEARSON

Prentice
Hall

Upper Saddle River, New Jersey 07458

Library of Congress Cataloging-in-Publication Data
Cash, Annette Grant
  Spanish for reading and translation / Annette Cash, James Murray. — 1st ed.
    p. cm.
  Includes index.
  ISBN 0-13-191648-3
  I. Murray, James C. II. Title.
  PC4115.C324 2005
  468.2'421—dc22   2005009215

Executive Acquisitions Editor: Bob Hemmer
Editorial Assistant: Debbie King
Executive Director of Market Development: Kristine Suárez
Director of Editorial Development: Julia Caballero
Production Supervision: Kelly Ricci, Techbooks/GTS
Project Manager: Nancy Stevenson
Assistant Director of Production: Mary Rottino
Supplements Editor: Meriel Martínez Moctezuma
Media Editor: Samantha Alducin
Media Production Manager: Roberto Fernandez
Prepress and Manufacturing Buyer: Brian Mackey
Prepress and Manufacturing Manager: Nick Sklitsis
Interior Design: Rose Design
Cover Art Director: Jayne Conte
Director, Image Resource Center: Melinda Reo
Interior Image Specialist: Beth Boyd Brenzel
Manager, Rights & Permissions IRC: Zina Arabia
Photo Research: Elaine Soares
Senior Marketing Manager: Jacquelyn Zautner
Marketing Assistant: Bill Bliss
Publishing Coordinator: Claudia Fernandes
Publisher: Phil Miller
Cover Image: Courtesy of Getty Images, Inc.

Photo Credits: Page 4: Peter Wilson © Dorling Kindersley; page 10: © Dorling Kindersley; page 18: © Dorling
Kindersley; page 22: Peter Dennis © Dorling Kindersley; page 36: © Judith Miller/Dorling Kindersley/Sloan's;
page 46: Peter Dennis © Dorling Kindersley; page 56: © Dorling Kindersley; page 64: Barnabas Kindersley © Dorling
Kindersley; page 72: © Dorling Kindersley; page 88: Daniel Pyne © Dorling Kindersley; page 102: © Tomas
Stargardter/Latin Focus.com; page 106: Heidi Grassley © Dorling Kindersley; page 114: Francesca Yorke © Dorling
Kindersley; page 134: Andy Crawford © Dorling Kindersley, Courtesy of the University Museum of Archaeology
and Anthropology, Cambridge; page 146: © Dorling Kindersley; page 159: Linda Whitwam © CONACULTA-
INAH-MEX. Authorized reproduction by the Instituto Nacional de Antropologia e Historia.

Pearson Education Ltd.   Pearson Education Australia Pty. Limited
Pearson Education Singapore Pte. Ltd.   Pearson Education North Asia Ltd.
Pearson Education Canada, Ltd.   Pearson Educación de Mexico, S. A. de C.V.
Pearson Education—Japan   Pearson Education Malaysia Pte. Ltd.

ISBN   0-13-191648-3

Contents

Chapter 5

Chapter 6

Chapter 12

POR AND **PARA,** QUESTIONS AND EXCLAMATIONS, WORD ORDER, NUMBERS, EXPRESSIONS OF OBLIGATION, **LO** PLUS ADJECTIVES AND ADVERBS, USES OF THE INFINITIVE, AND DIMINUTIVES AND AUGMENTATIVES 149

Preface

To the Instructor

Spanish for Reading and Translation is designed to prepare students to be able to *read* in Spanish. Because many universities call for a reading knowledge of a foreign language as a requirement for a graduate degree, they offer a special course that focuses exclusively on learning how to read. In our search for appropriate texts for such a course, we found that there were several good books to teach reading knowledge of French and German, but we were surprised to see the lack of books on this subject for Spanish. *Spanish for Reading and Translation* was written to fill this void.

Features

Focused Preparation. Reading knowledge of Spanish is usually tested in one of two ways. Students may be required to translate into English a passage taken from Hispanic publications such as newspapers, magazines, and professional journals published in a Hispanic country. The other method of testing reading knowledge is by asking students questions about the text's content and having them draw inferences or conclusions from the text. *Spanish for Reading and Translation* prepares students for both types of tests.

Focused Activities. To meet the objectives of this course, students need only a recognition knowledge of Spanish. Therefore, *Spanish for Reading and Translation* does not ask students to *produce* the grammatical forms of Spanish. This text presents the basic grammar rules needed for recognition and includes reading passages of increasing difficulty that contain the grammar points discussed in each chapter. At first, to encourage students, the passages are full of cognates and are fairly easy to read. Later, the passages become more difficult, and we ask students to inductively learn the grammar rules by careful observation of the text.

Focused Skill-Building. Since the most recent studies on reading classify reading as active rather than passive, we advocate the use of skimming, scanning, summarizing, and drawing conclusions from the passage. In addition, *Spanish for Reading and Translation* focuses on encouraging students to actively engage with the text by activating their own background knowledge of the topic. Pre-reading exercises are designed to train students to approach all texts this way. Students not only review their knowledge of the subject in question but the appropriate vocabulary is also triggered, so that students are more likely to choose the correct meaning of the words when they read the text. Activating background knowledge should be the very first thing students do as they approach the task of reading in any language.

Focused Reading. We have selected authentic reading passages so that the student is not reading edited texts. Although we gloss some words in these texts, we also rely on the student's ability to infer and guess at meanings from the content of the passage.

Chapter Organization

The organization of the chapters is as follows:

- a reading passage, which is preceded by pre-reading activities focused on skimming and scanning, then followed by post-reading activities
- vocabulary building information and exercises
- grammar rules and exercises
- a final reading passage, which is preceded by pre-reading activities to engage the student in the skills of skimming and scanning, then post-reading activities focused on translation and content

Preliminary Lesson

We have included a Preliminary Lesson that can be done the first day of class so that students can begin working with the language right away. Part of this lesson involves learning to use a dictionary, since students are often tempted to choose the first word presented in a Spanish-English/English-Spanish dictionary entry without considering the part of speech in the original text or if the word might be part of an idiomatic expression. If students do not have textbooks on the first day of class, we suggest that instructors copy the several dictionary entries needed to complete the exercises.

Some classes will have students who have already studied Spanish and do not feel it is necessary to begin at the very beginning. Instructors should use their discretion about where to begin. If the content of the textbook is finished early, there are several longer reading passages of specialized material in Appendix I that can be done as a class activity. As a class project, toward the end of the semester, we ask students to bring in texts in their specialized fields and present them to the class. Each student explains the difficulties of the text, offers a glossary of terms, and then the class reads the text together.

Additional Resources

Appendix I contains more difficult readings that can be used depending on the particulars of your course. Appendix II contains a list of reading resources such as major Spanish language newspapers, professional journals where you or your students can find additional authentic readings, as well as useful Internet addresses.

To the Student

Goals

Many of you are taking this class because passing a reading exam in Spanish is a requirement for your graduate degree. Some universities test reading knowledge of a foreign language by an exam requiring the student to answer content questions about the passage. At other universities, the test consists of the translation into English of a Spanish text. This book will prepare you for either type of exam.

Method

Some of you took Spanish in high school or as undergraduates and can remember quite a bit of the language, whereas others either have forgotten the Spanish learned or never took Spanish in a formal classroom setting. We begin this course with the very basic information necessary to start you reading. We rely on your ability to infer meaning and draw conclusions from what you read. We want you to guess at meanings from the context and actively engage with the reading passage that is presented to you. You will be asked to skim for information, scan for a specific term, summarize the passage in your own words, and answer content questions on the text, as well as translate some parts of the reading selection.

Before you do any of these activities, you need to activate your background knowledge about the text you are going to read. To do that, you should carefully consider the title of the text, brainstorm about the information the selection may contain, and jot down some vocabulary about that topic. Activating background knowledge puts you in a frame of mind to guess at context clues and meaning and infer ideas from the text as well as draw logical conclusions. If you are translating the text, thinking about the subject matter will help you use the correct terminology for the specific topic of the reading. For instance, if the title has to do with a bank, brainstorm about banking and write down some banking terminology.

Since the more you read, the better your reading skills become, each chapter has two reading passages that focus on the grammar of the chapter. For further practice, Appendix I contains several longer reading selections.

This text will not ask you to produce grammatical forms or speak Spanish, since these skills are not tested on the reading exam. However, we hope that you continue your study of Spanish so that you are able to speak, write, understand the spoken language, and continue reading Spanish in the future.

Acknowledgments

We would like to acknowledge several people who have helped us as we completed this project. First of all, Bob Hemmer, Executive Editor for Spanish at Prentice Hall, believed in what we were doing and encouraged us to complete the manuscript, as well as suggested the photographs that accompany the reading passages. These photographs serve as pre-reading organizers to activate students' background knowledge about the text they are going to read. We also thank the production staff at Prentice Hall, who were very helpful and offered many wonderful suggestions to us; the reviewers, who were very positive about the project; and Carmen Schlig of Georgia State University, who class-tested our manuscript in the graduate course Spanish for Reading Knowledge.

Annette Grant Cash
James C. Murray

Preliminary Lesson

Pronunciation, reading strategies, cognates, and use of the dictionary

I. Pronunciation

It is not necessary to pronounce the Spanish words when you read to yourself. However, to facilitate classroom discussion, you will have to know how to say the Spanish words when asking about or pointing out a word or phrase. Therefore, listen to your instructor's pronunciation of the Spanish and try to approximate it. If you want an explanation and practice of Spanish sounds, you will find many helpful sources on the Internet simply by entering the search words *Spanish pronunciation.* Particularly helpful are www.spanish.allinfo-about.com/pronunciation/pronunciationindex.html and www.askoxford.com/languages/es/toi_las/pronunciation.

Exercise. Repeat the following words, imitating your instructor's pronunciation.

1. música	10. basto	19. ciudad	28. vaca
2. kilómetro	11. hay	20. cuidado	29. fértil
3. quiosco	12. guitarra	21. pie	30. francés
4. patria	13. hoy	22. verdad	31. rosa
5. antiguo	14. causa	23. quien	32. pueblo
6. inspiración	15. epístola	24. guerra	33. averigüe
7. reloj	16. que	25. extraño	34. yema
8. examen	17. desde	26. seguir	35. veinte
9. vasto	18. general	27. calle	36. joven

II. Reading Strategies

People learn to read by reading; that is, *practice* makes a good reader. Think about how you began to read in English. First, you read very simple texts. Then, as you became a better reader, you moved on to more complicated texts. You may not have known all the words, but you were able to guess at some meanings from the context of the passage. If the text had a title, it gave you clues as to the content of the reading. All the skills you have acquired to become a good reader in English can be applied to your learning to read in Spanish.

The following are the skills or techniques we suggest that you use.

A. Pre-Reading Exercises

1. The title of a passage is your first clue as to the contents of the reading. What does this title bring to mind? Try to brainstorm ideas and think of vocabulary associated with this topic.

2. Skim the entire passage in order to get an overall impression of what the text is about. Look for subheadings, numbers, dates, pictures, graphs and tables, and words or phrases in quotation marks, italics, or bold print. Then look for words you already know, negatives, transition words or phrases, and cognates—Spanish words that look like English words. You must be careful with cognates. Some may be "false friends," words that look like English words but have different meanings in Spanish.

3. Scan the passage for specific information that may be requested in the pre- or post-reading activities. You may be asked to look for key words, proper names, or other detailed information.

B. Reading the Text

1. Proceed to read paragraph by paragraph. Underline the topic sentence in each paragraph—that is, the sentence that contains the main idea of the paragraph—and try to determine the meaning without looking up any words in a dictionary. The topic sentence may or may not be the first sentence in the paragraph.

2. Write down the main ideas of the paragraph.

3. Reread the paragraph again, underlining unknown words, and try to infer their meaning from the content. If you are unable to guess the meaning, then look up the word in a dictionary. If looking up the word does not offer a clear definition, it may be that this word is part of an idiomatic expression that must be considered as a lexical unit. Go back to your dictionary and see if you can find this word grouping further down in the entry of the word you are looking for.

C. Post-Reading Exercises

Read the passage, then proceed to the post-reading exercises, which may help to clarify some of the questions you might have about the text. These post-reading exercises will contain content questions, ask you to make inferences and draw conclusions, and will contain some translation exercises.

Glaciares

Now let's try it. Here is your first reading. You will note that we have glossed in English some words you may not recognize.

Nueva (*new*) era glacial

Aire contaminado

La contaminación atmosférica es un problema serio para el mundo (*world*) entero. Las partículas suspendidas en el aire modifican la reflexión atmosférica y de esta manera también (*also*) la energía solar que alcanza (*reaches*) la Tierra (*Earth*). Como consecuencia, la temperatura desciende mucho, de 15 a 5 grados centígrados; posiblemente puede (*can*) causar una nueva era glacial y la desaparición de la mayor parte de la vida (*life*) vegetal.

Blanco y Negro, no. 3102, October 16, 1971, p. 175.
Reprinted with permission from ABC.

1. Apply to the text the pre-reading techniques as outlined in the pre-reading exercises (read paragraph by paragraph for context, write down the main ideas of the paragraph, reread the passage underlining unknown words).
2. Read the entire text carefully according to the guidelines given above.
3. Post-reading activities. Answer the following questions in English.

   a. What is happening to the atmosphere?
   b. What is modifying the temperature of the Earth's surface?
   c. What is the possible effect of a change in temperature?

    d. How is the Earth's surface going to change?

    e. What are the causes of this atmospheric pollution?

    f. Restate the passage in your own words.

III. Cognates

Cognates are words that look like words in another language, have the same historical root, and have a similar meaning. For example, the Spanish word **institución** looks like the English word *institution*. As a matter of fact, the **-ción** ending in Spanish is very often the English ending *-tion*.

a. True cognates are words that look alike, share the same historical roots, and have similar or nearly similar meanings. This facilitates reading since there are so many words, especially technical and scientific terms, that fall into this category.

biología	biology
septiembre	September
calculadora	calculator
organización	organization

What do the following Spanish words mean in English?

matemáticas	_____
geología	_____
noviembre	_____
contradicción	_____

b. Partial cognates are words that look alike and share the same historical roots but whose meanings are not exactly the same.

argumento	legal or intellectual argument	and	plot of a story
collar	collar of a shirt	and	necklace
gracia	grace	and	joke or funny remark
humano	human	and	humane

What do the following Spanish words mean in English?

apertura	_____	and	inauguration of a formal event
concentración	_____	and	mass meeting or rally

humor	_____	and	mood
cometa	_____	and	kite

c. False cognates are words that look like words in another language but have different meanings.

grosería	crude act	not	grocery
lectura	reading	not	lecture
pretender	to claim	not	to pretend
sensible	sensitive	not	sensible

Exercise. Do the following exercise.

fábrica	looks like	_FABRIC_	but means factory
carpeta	looks like	_CARPET_	but means document file
ropa	looks like	_ROPE_	but means clothes
éxito	looks like	_EXIT_	but means success

IV. Use of the Dictionary

Spanish language dictionaries are organized like English dictionaries.* Variant meanings are listed for each entry. For instance, the word **papel** in Spanish means paper that you write on or a role or part in a play. You need to choose the correct meaning of the word from the context to understand the sentence.

Exercises

1. Look up the meanings of the following words. Be sure to find the number of meanings indicated after each word.

   tiempo (2) _TIME_   _WEATHER_

   sueño (2) _DREAM_   _SLEEP_

   piel (3) _SKIN_   _FUR_   _LEATHER_

   cuenta (4) _ACCOUNT_   _COUNT_   _CALCULATION_   _ESTIMATE_

---

*Older Spanish dictionaries consider **ch** and **ll** as separate letters. Therefore, if you are using an older dictionary, you will have to look up a word that begins with **ch** after all the entries for the letter **c**. The words that begin with **ll** are found after the last word that begins with one **l**.

2. Look up the meanings of the following idiomatic expressions.

carne de gallina   _GOOSEBUMPS / CHILLS_

cuanto antes   _ASAP_

tener prisa   _IN A HURRY_

desde luego   _OF COURSE_

echar flores   _FLATTER_

What have you noticed about the way these idiomatic expressions are listed in the dictionary entry?

Nouns are listed in their singular forms just as in English dictionaries. What is the meaning of the following nouns?

caminos   _ROADS /PATHS_

mesas   _TABLES_

damas y caballeros   _LADIES & GENTLEMEN_

palabras y dichos   _WORDS & SAYINGS_

Some adjectives in Spanish have four forms: masculine or feminine, singular or plural. These adjectives can end in: -o, -a, -os, and -as. Most dictionaries only list the masculine singular form that ends in -o.

Translate the following phrases:

buenas películas   _GOOD MOVIES_

coches rojos   _RED CARS_

casa blanca   _WHITE HOUSE_

As you use your dictionary, you will become more familiar with the organization of entries. What we have presented thus far is just to help you get started.

Chapter 1

Gender and number of nouns, definite and indefinite articles, and prepositions

I. Reading

A. Pre-Reading Exercises. (Title, skim, and scan, as presented in the Preliminary Lesson.) In this reading passage you will recognize words that are similar to English. Underline these words and write an English translation above them. Try to determine the meaning of the whole paragraph as you are doing this exercise.

Aves tropicales

Quetzal, ave (*bird*) de libertad

En la zona montañosa del departamento de Baja Verapaz, vive (*lives*) uno de los símbolos de Guatemala: el quetzal. Se trata de (*This is*) un pájaro (*bird*) tropical de espectacular plumaje, que está plasmado (*is depicted*) en el escudo (*shield*) de este país (*country*) y que (*unfortunately*) lamentablemente se encuentra (*is*) en peligro (*danger*) de extinción. La leyenda cuenta (*tells*) que cuando (*when*) el conquistador español Pedro de Alvarado mató (*killed*) en un duelo (*duel*) al caudillo (*chief*) maya Tecún Umán, éste se reincarnó en un quetzal reflejando el espíritu de un pueblo (*people*) que adora la libertad.

Sojourn: Latin American Magazine, no. 54, June–Sept. 2003, p. 72.

B. Post-Reading Exercises

1. Where is the **departamento de Baja Verapaz**?
2. Describe **el quetzal**.
3. What is the legend of this bird?
4. Who was Pedro de Alvarado?
5. What characterizes the people of Guatemala?

II. Vocabulary

Word Formation. Certain endings in Spanish have equivalent endings in English. For example: **-dad** is usually the equivalent of English -ty as in **universidad** (university), **-tud** is usually -tude like **magnitud** (magnitude).

Translate the following words and determine the English equivalent of the Spanish ending.

importancia	_____	bicentenario	_____
tolerancia	_____	confusión	_____
instante	_____	religión	_____
inmigrante	_____	apartamento	_____
asociación	_____	monumento	_____
nación	_____	actor	_____
comunidad	_____	pastor	_____
velocidad	_____	análisis	_____
ambivalencia	_____	tesis	_____
transparencia	_____	actitud	_____
continente	_____	gratitud	_____
patente	_____	caricatura	_____
alergia	_____	literatura	_____
psicología	_____		

Exercise

Give the English equivalent of the following words.

1. director	3. sociología	5. teoría	7. experiencia
2. secretaria	4. condición	6. cantidad	8. elemento

9. ambigüedad	12. editor	15. distancia	18. emperador
10. región	13. parálisis	16. ordinario	19. posibilidad
11. confluencia	14. magnitud	17. ciencia	20. fragancia

III. Grammar

A. Nouns

Gender of Nouns

The gender of all nouns in Spanish is either masculine or feminine. Usually masculine nouns end in **-o** and feminine nouns end in **-a**.

MASCULINE	FEMININE
amigo (*male friend*)	amiga (*female friend*)
libro (*book*)	mesa (*table*)
teléfono (*telephone*)	fiesta (*party*)

There are some important exceptions to this general rule. Some words ending in **-a, -ma, -pa,** and **-ta** are masculine.

día (*day*)	clima (*climate*)	mapa (*map*)
planeta (*planet*)	problema (*problem*)	sistema (*system*)

There are some feminine nouns that end in **-o**.

mano (*hand*)	foto (short for fotografía, *photograph*)
moto (short for motocicleta, *motorcycle*)	

The gender of nouns ending in **-e** or a consonant must be memorized or verified in the dictionary because these words do not follow a predictable pattern.

clase (*f. class*)	leche (*f. milk*)	noche (*f. night*)	tarde (*f. afternoon*)
coche (*m. car*)	diente (*m. tooth*)	rifle (*m. rifle*)	vientre (*m. stomach*)
nariz (*f. nose*)	lápiz (*m. pencil*)	razón (*f. reason*)	césped (*m. grass*)
animal (*m. animal*)	sartén (*f. frying pan*)	amor (*m. love*)	reloj (*m. clock*)

Although most nouns ending in **-ción** are feminine, some nouns ending in **-ión** may be either masculine or feminine, so the gender must be memorized.

lección (*f. lesson*)	reunión (*f. meeting*)	conversación (*f. conversation*)
avión (*m. airplane*)	camión (*m. truck*)	

Nouns ending in **-dad, -tad, -tud, -umbre,** and **-ie** are usually feminine.

ciudad (*f. city*)   libertad (*f. liberty*)   magnitud (*f. magnitude*)

legumbre (*f. vegetable*)   serie (*f. series*)

Nouns that indicate masculine beings are masculine and those that indicate feminine beings are feminine.

MASCULINE	FEMININE
hombre (*man*)	mujer (*woman*)
padre (*father*)	madre (*mother*)
rey (*king*)	reina (*queen*)
señor (*Mr.*)	señora (*Mrs.*)

Gender is also indicated in professions.*

abogado, abogada (*lawyer*)   médico, médica (*doctor*)

actor, actriz (*actor, actress*)   profesor, profesora (*professor*)

presidente, presidenta (*president*)   alcalde, alcaldesa (*mayor*)

Plural of Nouns

a. Nouns ending in an unstressed vowel form their plural by adding -s.

casa>casas (*house, houses*)

b. Nouns ending in a consonant other than -s form their plural by adding -es.

flor>flores (*flower, flowers*)

c. Nouns ending in a stressed vowel plus -s also form their plural by adding -es.

interés>intereses (*interest, interests*)[†]

d. Many nouns ending in a stressed vowel form their plural by adding -es.

rubí>rubíes (*ruby, rubies*)[‡]

e. Nouns ending in an unstressed vowel plus -s have the same form in both singular and plural.

crisis>crisis (*crisis, crises*)

virus>virus (*virus, viruses*)

---

*Some older dictionaries may not list all the feminine forms.

[†]Note that in this case the accent mark disappears in the plural form to ensure that the same syllable is stressed in both the singular and the plural.

[‡]Note that in this case the accent mark is *retained* in the plural to keep the stress on the same syllable in both singular and plural forms.

Exercise

How would you look up the following plural nouns in a Spanish dictionary?

libros	_____	clubes	_____
calles	_____	cipreses	_____
ciudades	_____	aviones	_____
tabúes	_____	tesis	_____
amores	_____	muebles	_____
mesas	_____	ruedas	_____
ideas	_____	pies	_____
diplomas	_____	señores	_____

B. Articles

The Definite Article

The word for *the* in Spanish has the following forms:

el (*masculine singular*)	el libro	la (*feminine singular*)	la casa
los (*masculine plural*)	los libros	las (*feminine plural*)	las casas

Uses of the Definite Article

Spanish uses the definite article more than English, but often where English uses the definite article, Spanish does not.

1. Generic nouns and nouns that express a concept or idea use the definite article in Spanish but *not* in English.

    La verdad es la belleza y la belleza es la verdad. (*Truth is beauty and beauty is truth.*)

    Me gusta la música clásica. (*I like classical music.*)

    Los hombres y las mujeres son diferentes. (*Men and women are different.*)

    La libertad y la justicia para todos. (*Liberty and justice for all.*)

2. Definite articles are used with titles, except in direct address.

    La señorita Avellaneda está en la oficina hoy. (*Miss Avellaneda is in the office today.*)

    Buenos días, señorita Avellaneda. (*Good morning, Miss Avellaneda.*)

    The exceptions to this rule are the titles **don, doña, fray** (*friar*), **san, santo, santa** (*saint*), and **sor** (*sister* [*nun*]), which are used with first names. There is no English equivalent for **don** and **doña**, which are titles of respect.

don Juan   doña María   fray Jerónimo   San Miguel

Santo Tomás   Santa Rita   sor Angélica

3. To express "on Monday, on Tuesday," and so on, the masculine definite article comes before the day of the week.

el lunes   *on Monday*

los domingos   *on Sundays*

(Note: The days of the week are not capitalized in Spanish except when they are the first word in the sentence.)

4. The definite article is used to refer to parts of the body and articles of clothing instead of the possessive adjective.

Me lavo **las** manos. (*I wash **my** hands.*)

José se pone **el** sombrero. (*José puts on **his** hat.*)

Exercise

Underline the definite articles in the following sentences and then translate the sentences using the English definite article if appropriate.

1. Los elefantes viven en África.

2. El edificio está cerrado (*closed*).

3. Las manos de la señora García están limpias (*clean*).

4. El miércoles (*Wednesday*) es mi clase de español.

5. El profesor Fernández está ausente.

6. Déme (*Give me*) la libertad o la muerte.

7. La vida (*life*) es sueño (*dream*).

8. Los perros (*dogs*) son los amigos del hombre.

9. Me pongo (*I put on*) el suéter.

10. Siempre (*always*) llueve (*it rains*) los sábados (*Saturdays*).

The Indefinite Article

The English indefinite articles *a* or *an* have the following forms in Spanish:

un (*masculine singular*) un gato   una (*feminine singular*)   una mesa

The plural forms of the indefinite article, which mean *some*, are:

unos (*masculine plural*)   unos gatos (*some cats*)

unas (*feminine plural*)   unas mesas (*some tables*)

Uses of the Indefinite Article

The indefinite article is *omitted* in Spanish in the following cases.

a. After the verb *to be* (**ser**) when the following word refers to nationality, religion, political affiliation, profession, or trade—unless the word is modified.

> Mi madre es pianista. (*My mother is a pianist.*)
>
> Mi madre es una pianista fabulosa. (*My mother is a fabulous pianist.*)
>
> Rigoberta Menchú es guatemalteca. (*Rigoberta Menchú is [a] Guatemalan.*)
>
> Rigoberta Menchú es una guatemalteca famosísima. (*Rigoberta Menchú is a very famous Guatemalan.*)
>
> Felipe es católico. (*Felipe is a Catholic.*)
>
> Felipe es un católico devoto. (*Felipe is a devout Catholic.*)
>
> Mi padre es republicano. (*My father is a Republican.*)
>
> Mi padre es un republicano tradicional. (*My father is a traditional Republican.*)

b. Before **cien** (*one hundred*), **mil** (*one thousand*), **otro, otra** (*another*), **medio, media** (*half*), **cierto, cierta** (*a certain*); after **tal** (*such a*) and **qué** (*what a*).

> cien dólares (*a hundred dollars*)   mil computadoras (*a thousand computers*)
>
> otro problema (*another problem*)   medio kilo de carne (*a half kilo of meat*)
>
> cierta cantidad (*a certain amount*)   tal dilema (*such a dilemma*)
>
> ¡Qué lástima! (*What a pity!*)

Exercise

Translate the following phrases.

cien blusas	tal actitud	cierto carro	otra fotografía
mil parasoles	qué día	medio *litro* de gasolina	
Juan es español.		Pablo es un *profesor* diligente.	
Mi amigo es doctor.		Isabel es una demócrata *liberal*.	
Jean-Paul Sartre es existencialista.		Las señoras son protestantes.	

C. Prepositions

The most common single word prepositions in Spanish are:

a (*to, at, for, by, on, from*)

ante (*before, in the presence of*)

bajo (*under, underneath*)

con (*with*)

contra (*against*)

de (*of, from, about, with, by, in*)

desde (*from, since, after*)

en (*in, on, at, by*)

entre (*between, among*)

excepto (*except*)

hacia (*toward, about, near*)

hasta (*until, to, as far as, up to*)

menos (*except*)

para (*for, to, toward*)

por (*for, by, by means of, because of, for the sake of*)

salvo (*except*)

según (*according to*)

sin (*without*)

sobre (*about, on, upon, over*)

tras (*after, behind*)

The most common prepositions of more than one word are:

además de (*in addition to, besides*)

alrededor de (*around*)

antes de (*before*)

cerca de (*near*)

debajo de (*underneath*)

después de (*after*)

detrás de (*behind, in back of*)

encima de (*on top of*)

fuera de (*outside of*)

lejos de (*far from*)

Exercise

Translate the following prepositional phrases.

detrás del garaje

sobre la mesa

hasta mañana

después del examen

de mi papá

cerca de la universidad

fuera de la ciudad

según el ingeniero

sin pesos

lejos de casa

contra el sofá

en el aire

antes de la clase

entre los edificios

IV. Reading

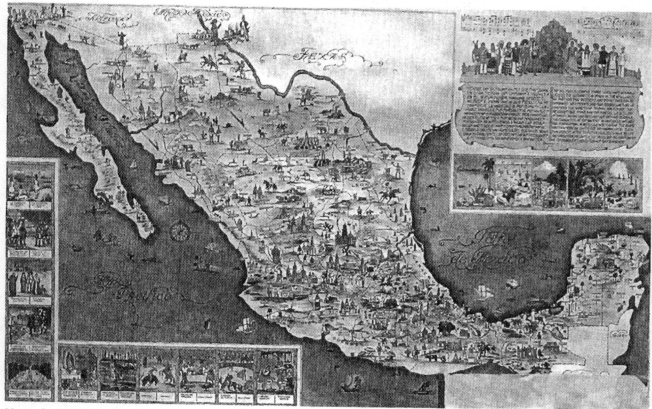

Mapa de México

A. Pre-Reading Exercises. As you read the following paragraph, apply the pre-reading and post-reading strategies from the Preliminary Lesson.

México

La capital de México es la ciudad de México. Es una ciudad muy grande, pues (*since*) tiene (*it has*) casi (*almost*) veintiún (*21*) millones de habitantes.

La capital es una ciudad bella (*beautiful*); tiene calles (*streets*) bonitas (*pretty*), varios (*several*) parques y muchos edificios (*buildings*) públicos. Naturalmente, es el centro del gobierno mexicano.

La ciudad de México es también en muchos aspectos el centro de la cultura mexicana. México y los Estados Unidos tienen civilizaciones muy (*very*) diferentes. La civilización mexicana es una mezcla (*mixture*) de la cultura indígena y de la cultura europea de los españoles. La mezcla de las dos culturas es muy interesante.

Richard Armitage and Walter Meiden, *Beginning Spanish: A Cultural Approach,*
2nd ed. Copyright © 1963 by Houghton Mifflin Co.

B. Post-Reading Exercises. Answer the following questions in English.

1. What is the capital of Mexico?

2. How many people live in the capital?

3. Describe Mexico City.

4. What cultures are found in Mexico?

5. What do Washington, DC and Mexico City have in common?

6. A *précis* translation is a summary of the main contents of a text. Give a précis translation of the two reading passages in Chapter l.

Chapter 2

Adjectives, subject pronouns,
present tense, and **ser** and **estar**

- LOCATION
- TEMPORARY

I. Reading

Génesis: El jardín de Edén

A. Pre-Reading Exercises. (Title, skim, and scan, as presented in the Preliminary Lesson.)

This reading is a short story by Marco Denevi, a contemporary Argentine author famous for his short stories.

1. What does the word *génesis* mean?
2. Why do you think the title is «Génesis, 2»?
3. What disaster has occurred?
4. What vehicle is mentioned?

Génesis, 2

Imaginad (*imagine*) que un día estalla (*breaks out*) una guerra (*war*) atómica. Los hombres y las ciudades desaparecen. Toda la tierra es como un vasto desierto calcinado (*burned*). Pero imaginad también (*also*) que en cierta región sobrevive (*survives*) un niño, hijo de un jerarca (*leader*) de la civilización recién (*recently*) extinguida. El niño se alimenta de (*eats*) raíces (*roots*) y duerme (*sleeps*) en una caverna. Durante mucho tiempo (*time*), aturdido (*stunned*) por el horror de la catástrofe, sólo (*only*) sabe (*can*) llorar (*cry*) y clamar (*cry out*) por su padre. Después sus recuerdos (*memories*) se oscurecen (*become dim*), se disgregan (*disintegrate*), se vuelven (*become*) arbitrarios y cambiantes (*changing*) como (*like*) un sueño (*dream*). Su terror se transforma en vago (*vague*) miedo (*fear*). A ratos (*sometimes*) recuerda (*he remembers*), con indecible (*unspeakable*) nostalgia, el mundo (*world*) ordenado y abrigado (*sheltered*) donde (*where*) su padre le (*him*) sonreía (*smiled*) o lo amonestaba (*admonished*), o ascendía en una nave (*ship*) espacial envuelto (*wrapped*) en fuego y en estrépito (*noise*) hasta perderse (*being lost*) entre las nubes (*clouds*).

«Genesis, 2» © Marco Denevi, *Falsificaciones,* Buenos Aires, Corregidor, 2005.

B. Post-Reading Exercises

1. Where does the story take place?
2. Who was the father of the boy?
3. What does the boy remember with nostalgia?
4. What do you think will happen at the end of the story?
5. Translate three sentences, starting with the sentence that begins with the word **Durante.**

II. Vocabulary

The word *time* in English is expressed by three different words in Spanish. To refer to time of day, **hora** is used. **¿Qué hora es?** means *What time is it?* **Tiempo** is used for measurable time: **¿Cuánto tiempo toma para llegar al centro?** *How much time does it take to get to town?* **Tiempo** also is used to refer to weather, as in **¿Qué tiempo hace hoy?** *What is the weather like today?* To refer to time as instance, **vez** is used: **Vamos a comer pizza una vez esta semana.** *We are going to eat pizza one time this week.* The plural of **vez** is **veces.** Several expressions with these words are:

decir la hora	to tell time
hora de verano	daylight saving time

ser hora de	to be time to
ya es hora	it is about time
a tiempo	on time
al mismo tiempo	at the same time
con tiempo	with time to spare
en muy poco tiempo	in no time
a la vez	at the same time
a veces	at times, sometimes
de vez en cuando	from time to time
las más veces	most of the time
muchas veces	often
otra vez	again
una y otra vez	time after time, over and over again

Exercise. Choose the correct expression for time according to the context of the sentence.

1. Time is money. (**tiempo, vez, hora**)

2. I can eat and study at the same time. (**a tiempo, a veces, a la vez**)

3. Paula was able to complete the task in no time. (**otra vez, en muy poco tiempo, a tiempo**)

4. It's time for you to go to bed. (**tiempo, hora, vez**)

5. From time to time I like to go to the movies. (**muchas veces, ya es hora, de vez en cuando**)

6. The weather in Marbella is just splendid. (**tiempo, vez, hora**)

7. They visited their grandmother again. (**una y otra vez, otra vez, al mismo tiempo**)

8. Pepe is learning to tell time. (**las más veces, decir la hora, en muy poco tiempo**)

9. I like daylight savings time. (**hora de verano, tiempo de verano**)

10. It's about time for you to leave for school. (**muchas veces, ya es hora, con tiempo**)

III. Grammar

A. Adjectives

1. In Spanish, adjectives agree in number and gender with the nouns they modify. For example:

las chaquetas amarillas	the yellow jackets
el coche rojo	the red car
libros interesantes	interesting books

2. Most Spanish adjectives end in -o (masculine singular), -a (feminine singular), -os (masculine plural), and -as (feminine plural). Adjectives that end in -e or a consonant are both masculine and feminine. The plural forms of adjectives that end in -e add -s, and the plural forms of the adjectives that end in a consonant add -es.

un hombre viejo	an old man
una mujer vieja	an old woman
unos coches nuevos	some new cars
unas mesas nuevas	some new tables
un árbol fuerte	a strong tree
una puerta fuerte	a strong door
museos importantes	important museums
bibliotecas importantes	important libraries
un libro fácil	an easy book
una lección fácil	an easy lesson
ensayos difíciles	difficult essays
preguntas difíciles	difficult questions

As you can see, in Spanish, the adjective generally follows the noun.

3. The adjectives **bueno** and **malo** can come before the noun. They are shortened to **buen** and **mal** before masculine singular nouns.

un buen hombre	a good man
mal tiempo	bad weather

Exercise. Choose the correct Spanish translation. Remember that adjectives must agree in gender and number with the nouns they modify. This agreement is essential for accurately reading and translating Spanish into English.

1. She is wearing a white dress.

   a. **Ella lleva una vestido blanca.**

   b. **Ella lleva un vestido blanco.**

2. They live in a modern house.

   a. **Ellos viven en una casa moderna.**

   b. **Ellos viven en un casa moderno.**

3. This is a good story.

   a. **Éste es un buen cuento.**

   b. **Éste es un bueno cuento.**

4. We have wonderful friends.

   a. **Tenemos amigos maravilloso.**

   b. **Tenemos amigos maravillosos.**

5. He is playing beautiful music.

   a. **Toca música bella.**

   b. **Toca música bello.**

6. Those are legal matters.

   a. **Esos son asuntos legal.**

   b. **Esos son asuntos legales.**

7. My students are intelligent.

   a. **Mis estudiantes son inteligentes.**

   b. **Mis estudiantes son inteligente.**

8. These are common errors.

   a. **Éstas son faltas comunes.**

   b. **Éstas son faltas común.**

9. The suits in this store are expensive.

   a. **Los trajes en esta tienda son cara.**

   b. **Los trajes en esta tienda son caros.**

10. There are long lines for this movie.

    a. **Hay colas largas para esta película.**

    b. **Hay colas largo para esta película.**

B. Subject Pronouns

Spanish subject pronouns are:

yo	I	**nosotros/as**	we
tú	you	**vosotros/as**	you
usted	you	**ustedes**	you
él, ella	he, she	**ellos, ellas**	they

1. Subject pronouns are often omitted when the form of the verb or the context leaves no doubt about the identity of the subject. They are used for emphasis, contrast, or clarity. Here are some examples:

Él es alto, ella es baja.	He is tall; she is short.
Yo hago las preguntas, usted no.	I ask the questions, not you.

2. The pronoun *you* is expressed in Spanish by the following forms: **tú, usted, vosotros,** and **ustedes. Tú** and **vosotros/as** use the second person singular and plural, respectively, of the verb, whereas **usted** and **ustedes** use the third person singular and plural, respectively, of the verb. **Ud.** and **Uds.** are the abbreviated forms of **usted** and **ustedes** and are used frequently. The pronoun **tú** is used to address family members, friends, children, and animals. **Usted** is used in polite or formal conversation. In Spain, **vosotros/as** is used to address family members, friends, children, and animals, whereas in Latin America **ustedes** is used to address these same categories.

Carlitos, ¿entiendes tú las reglas?	Carlitos, do you understand the rules?
Cuando usted termine, señor González, puede salir.	When you finish, Mr. Gonzalez, you can leave.
Niños, vosotros nunca estáis tranquilos. **Niños, ustedes nunca están tranquilos.**	Children, you are never still.

3. When a first person pronoun is part of a compound subject, the verb is always in the **nosotros** form.

Ella y yo escribimos.	She and I write.

When the subject is made up of the second and third persons, the verb is in the **vosotros** form in Spain and in the **ustedes** form in Latin America.

Tú y él trabajáis. **Tú y él trabajan.**	You and he are working.
Usted y ella estudian.	You and she are studying.

4. **Nosotros** and **vosotros** have feminine forms when the groups are made up entirely of women: **nosotras, vosotras.**

C. Present Tense

The basic form of every verb in Spanish is the infinitive, which ends in **-ar, -er,** or **-ir.** All Spanish verbs fall into these three basic categories or conjugations. The stem of the verb includes all letters to the left of the infinitive ending. To conjugate a verb in Spanish you eliminate the infinitive ending and add a series of endings to the stem to indicate the person, tense, and mood of the verb.

1. The present tense of **-ar** verbs adds the following set of endings to the stem of the verb.

-o	**-amos**
-as	**-áis**
-a	**-an**

   For example, the present tense of the verb **hablar** (*to speak*) is:

hablo	I speak, I am speaking, I do speak
hablas	you speak, you are speaking, you do speak
habla	he/she/you/it speaks, is/are speaking, does/do speak
hablamos	we speak, are speaking, do speak
habláis	you speak, are speaking, do speak
hablan	they/you speak, are speaking, do speak

2. The present tense of **-er** verbs adds the following set of endings to the stem of the verb.

-o	**-emos**
-es	**-éis**
-e	**-en**

   For example, the present tense of the verb **comer** is:

como	I eat, I am eating, I do eat
comes	you eat, you are eating, you do eat
come	he/she/you/it eats, is/are eating, does/do eat
comemos	we eat, are eating, do eat
coméis	you eat, are eating, do eat
comen	they/you eat, are eating, do eat

3. The present tense of **-ir** verbs adds the following set of endings to the stem of the verb.

-o	**-imos**
-es	**-ís**
-e	**-en**

For example, the present tense of the verb **vivir** is:

vivo	I live, I am living, I do live
vives	you live, you are living, you do live
vive	he/she/you/it lives, is/are living, does/do live
vivimos	we live, are living, do live
vivís	you live, are living, do live
viven	they/you live, are living, do live

Exercise. Choose the correct verb form in each sentence. Remember that Spanish verbs must agree in number and person with the subject of the sentence.

1. Roberta (canta, cantan, cantamos) muy bien.

2. ¿Dónde (escribes, escriben, escribe) tú?

3. Tú y yo (aprenden, aprendes, aprendemos) mucho en esta clase.

4. Raúl y Esteban (llega, llegan, llegas) a casa a las seis.

5. Las universidades (abren, abres, abro) temprano.

6. La señora (cosen, cosemos, cose) la camisa de su hijo.

7. ¿(Emplean, Empleáis, Emplea) ustedes a muchos estudiantes en su compañía?

8. Una dictadura (suprimen, suprime, suprimo) los derechos de sus ciudadanos.

9. Yo (sacas, sacamos, saco) la basura los domingos.

10. ¿(Beben, Bebes, Bebéis) vosotros seis vasos de agua todos los días?

D. Radical-Changing Verbs

In Spanish, the vowel of the stem (or the radical) of some verbs becomes a diphthong when this vowel is stressed. In -**ar** and -**er** verbs of this category, the vowel **e** becomes **ie** and the vowel **o** becomes **ue** in the first, second, and third person singular and in the third person plural.

comenzar	**volver**
comienzo	vuelvo
comienzas	vuelves
comienza	vuelve
comenzamos	volvemos

comenzáis	volvéis
comienzan	vuelven

The -**ir** verbs act somewhat differently in that the stressed **e** of the stem can become **i** or **ie**. When the stressed vowel is an **o** in these -**ir** verbs, it becomes a -**ue**.

These verbs need to be memorized.

servir	sentir	dormir
sirvo	siento	duermo
sirves	sientes	duermes
sirve	siente	duerme
servimos	sentimos	dormimos
servís	sentís	dormís
sirven	sienten	duermen

Exercise. Underline the correct subject in each sentence.

1. (Yo, Tú, <u>Él</u>) prefiere quedarse en casa.

2. (<u>Yo</u>, Tú, Nosotros) almuerzo con mi amigo todos los días.

3. (<u>Vosotros</u>, Nosotros, Ellos) encendéis la luz al entrar en la clase.

4. ¿Pides (yo, <u>tú</u>, ellas) ayuda de vez en cuando?

5. (Roberto, Ellas, <u>Yo</u>) no puedo encontrar los zapatos.

6. (<u>La señora</u>, Los niños, Tú) repite el número dos veces.

7. ¿Cuánto cuesta (los libros, <u>el libro</u>, los dulces)?

8. A veces (<u>el profesor</u>, los médicos, nosotros) pierde los papeles de sus estudiantes.

9. (<u>Yo</u>, Mis amigos, Vosotras) recuerdo la fecha del cumpleaños de mi mamá.

10. (Nosotros, Tú, <u>Mi hermano mayor</u>) es alto, mide seis pies.

E. Ser and Estar

1. Ser and estar both mean *to be* but they are used in very different contexts.
2. The present tense of ser is:

soy	somos
eres	sois
es	son

The present tense of **estar** is:

estoy	estamos
estás	estáis
está	están

3. The uses of **ser** are:

   a. with predicate nouns and words denoting professions, political affiliations, religions, and nationalities.

María es una mujer inteligente.	Mary is an intelligent woman.
El señor Alvarez es médico.	Mr. Alvarez is a doctor.
George W. Bush es republicano.	George W. Bush is a Republican.
Ramón y Raúl son católicos.	Ramon and Raul are Catholic.
Yo soy venezolana.	I am Venezuelan.

   b. with the preposition **de** to denote origin, possession, and material make-up.

Los autores son de Atlanta.	The authors are from Atlanta.
El libro es del estudiante.	The book is the student's.
El reloj es de oro.	The watch is gold.

   c. to tell time. **Es** is used with 1:00, noon, and midnight, and **son** is used for the other hours. We will discuss time in more detail in a later chapter.

Es la una.	It is one o'clock.
Es medianoche.	It is midnight.
Son las ocho.	It is eight o'clock.

   d. with adjectives that describe inherent qualities of a noun such as size, shape, and color. Usually the adjective **feliz** (*happy*) is used with **ser.**

La nieve es blanca.	Snow is white.
El edificio es grande.	The building is large.
Las mesas son redondas.	The tables are round.
Los ojos del bebé son azules.	The baby's eyes are blue.

   e. to mean *takes place.*

La fiesta es en la casa de Carlos.	The party is at Carlos' house.

  f. with impersonal expressions.

  Es tarde.   It is late.

4. The uses of **estar** are:

  a. to express location.

  El plato está en la mesa.   The plate is on the table.

  El presidente está en China.   The president is in China.

  b. with adjectives that express a state or condition that is temporary or
     not an inherent quality. It is often used with adjectives to express the
     idea of taste or seem (look). The adjective **muerto** (*dead*) is always
     used with **estar.**

  El café está frío.   The coffee is cold.

  No estamos contentos.   We are not happy.

  El flan está rico.   The flan tastes delicious.

  Ella está vieja hoy.   She looks old today.

  c. to form the progressive tenses.

  Alicia está jugando con su gato.   Alicia is playing with her cat.

  ¿Quién está llamando?   Who is calling?

5. Some adjectives change meaning when used with **ser** or **estar.**

ADJECTIVE	WITH **ser**	WITH **estar**
aburrido	boring	bored
cansado	tiring	tired
despierto	alert, bright	awake
divertido	amusing	amused
listo	witty, clever	ready
malo	bad	sick
verde	green (*color*)	unripe
vivo	lively, bright (*color*)	alive

Exercise. Choose the correct verb and the correct form of the verb.

1. El niño (es, está, eres, estás) listo y (están, está, soy, son) listo para su examen.

2. Mis padres (está, están, son, sois) profesores y (estamos, están, son, es) en Guatemala para enseñar en una escuela secundaria.

3. ¿De dónde (es, eres, está, estás) usted?

4. El collar (*necklace*) (es, son, está, estáis) de oro y (son, es, están, estás) de mi madre.

5. El señor González (es, eres, está, estoy) ingeniero y (es, eres, está, están) hablando con su cliente.

6. Esta clase de química (es, son, está, están) aburrida y yo (soy, eres, estoy, está) aburrido.

7. Don José (es, eres, está, están) joven aunque (*although*) tiene 86 años.

8. La graduación (está, estoy, es, son) en el auditorio de la universidad.

9. Los Clintons (sois, son, están, está) demócratas.

10. La oficina (es, eres, está, están) grande y (es, son, está, estás) en la calle Ocho.

11. Los animales que (está, están, es, son) en el laboratorio (es, son, está, están) muertos.

12. (Es, Son, Está, Están) las tres y los niños (son, sois, está, están) saliendo de la escuela.

13. Las hermanas (están, está, sois, son) felices porque el bebé (es, soy, está, estáis) despierto.

14. ¿De quién (es, son, está, están) los zapatos deportivos?

IV. Reading

A. Pre-Reading Exercises. As you read the following passage, apply the pre-reading and post-reading strategies from the Preliminary Lesson.

1. Review the content of the first reading in this chapter. Consider again the meaning of the word «Génesis» in the title.

2. As you read through the text, underline all the adjectives you find.

3. Circle the verbs in the present tense.

4. What are the names of the characters?

Génesis 2 (continuación)

Entonces (*then*), loco de soledad (*overcome by loneliness*), cae de rodillas (*he falls to his knees*) e improvisa una oración (*prayer*), un cántico (*hymn*), un lamento. Entretanto (*meanwhile*) la tierra (*land*) reverdece (*becomes green again*): de nuevo (*again*) brota (*sprouts*) la vegetación, las plantas se cubren de (*are covered with*) flores, los árboles (*trees*) se cargan de (*are filled with*) frutos. El niño, convertido en un muchacho (*young man*), comienza (*begins*) a explorar la comarca (*area*). Un día (*day*) ve (*sees*) un ave (*bird*). Otro día ve un lobo (*wolf*). Otro día, inopinadamente (*unexpectedly*) se halla (*finds himself*) frente a (*facing*) una joven (*young woman*) de su edad (*age*) que, lo mismo que (*the same as*) él, ha sobrevivido a los estragos (*devastation*) de la guerra nuclear. Se (*each other*) miran (*look*), se sonríen (*smile*), se toman de la mano (*take each other by the hand*): ya están a salvo (*free*) de la soledad. Balbucean (*stammer*) sus respectivos idiomas (*languages*), con cuyos (*whose*) restos (*remains*) forman un nuevo idioma. Se llaman (*They call*), a sí mismos (*themselves*), Hombre y Mujer. Tienen (*They have*) hijos (*children*). Varios miles (*thousands*) de años (*years*) más tarde (*later*) una religión se habrá (*will have*) propagado entre los descendientes de ese Hombre y de esa Mujer, con el padre del Hombre como Dios y el recuerdo (*memory*) de la civilización anterior a la guerra como un Paraíso perdido (*lost*).

«Genesis, 2» © Marco Denevi, *Falsificaciones,* Buenos Aires, Corregidor, 2005.

B. Post-Reading Exercises. Respond in English.

1. Describe the Earth in this section of the story.
2. What are the child's first experiences when he begins to explore?
3. Considering the title of the story, who are **el Hombre** and **la Mujer?**
4. What does the last sentence of the story imply?
5. Translate the last sentence of the story.

Chapter 3

Imperfect tense and
preterit tense

I. Reading

Porcelanas Lladró

A. Pre-Reading Exercises. (Title, skim, and scan, as presented in the Preliminary Lesson.)

1. What are **porcelanas?**
2. How long ago did the Lladró brothers start the company?
3. Where can one buy Lladró figurines in the United States?
4. What is the formula for success that the Lladró brothers followed?

Porcelanas Lladró, aporte (contribution) artístico español en los Estados Unidos

Hace poco más de (*a little more than*) treinta años, en Almácera, España, tres hermanos valencianos, Juan, José y Vicente Lladró, confiando (*trusting*) un poco en su natural inclinación y mucho en la Providencia Divina como guía (*guide*), construyeron un horno (*kiln*) para los trabajos de cerámica en el patio de su modesta casa. Aquellos eran tiempos difíciles, pero los hermanos Lladró, inspirados por la madre confiada (*confident*) y práctica, que les aconsejaba (*advised*) a diario (*daily*) "pintar y cantar" (*to paint and to sing*), trabajaban de día (*during the day*) y asistían a (*attended*) la Escuela de Artes y Oficios (*crafts*) por la noche (*in the evening*).

Recientemente, y a sólo tres décadas de aquellos días tan difíciles, la firma de porcelanas Lladró inauguró, en el corazón mismo (*in the very heart*) de Manhattan, en Nueva York, el Museo y Galerías Lladró, el primero (*first*) en los Estados Unidos patrocinado (*sponsored*) por una empresa (*business*) española. El museo, donde se exhiben novecientas (900) muestras (*pieces*) de porcelana, es un ejemplo de lo que puede lograr (*achieve*) el talento artístico unido al trabajo infatigable y a la fe (*faith*) en el triunfo.

Porcelanas Lladró, adapted from *Diario Las Américas*, Miami, FL, Estados Unidos.

B. Post-Reading Exercises

1. Where did the Lladró brothers begin their business?
2. What role did their mother play in this enterprise?
3. Explain why the text refers to **tiempos difíciles.**
4. Translate the first sentence of the text.

II. Vocabulary

A. Pedir and Preguntar

Pedir means *to ask for* or *order* and **preguntar** means *to ask* in the sense of requesting information. Since **pedir** means *to ask for,* the preposition is not expressed in Spanish.

Arnaldo pide permiso para salir.	Arnaldo asks for permission to leave.
Las niñas preguntan, ¿qué hora es?	The girls ask, what time is it?

Preguntar por means *to ask about someone* or *something.*

Mis amigos preguntan por mi mamá.	My friends ask about my mother.

Hacer una pregunta means *to ask a question.*

¿Por qué siempre me haces preguntas?	Why are you always asking me questions?

B. Spanish Verbs with Embedded Prepositions

Since the following Spanish verbs contain an embedded preposition, the prepositions *at, for, to, of,* and *in* are not expressed in Spanish.

aprovechar (*to take advantage of*)	**esperar** (*to wait for*)
buscar (*to look for*)	**mirar** (*to look at*)
conseguir (*to succeed in*)	**pagar** (*to pay for*)
escuchar (*to listen to*)	

Jorge mira el mapa para hallar la oficina.	Jorge is looking at the map to find the office.
¿Qué buscas en mi cuarto?	What are you looking for in my room?
Escuchamos música clásica durante la cena.	We listen to classical music during dinner.

El jefe pagó el almuerzo de todos.	The boss paid for everyone's lunch.
Esperan el autobús en la esquina.	They are waiting for the bus on the corner.

Exercise. Translate the following sentences.

1. Necesito pedir ayuda de un abogado.
2. Rogelio mira las pinturas de Velázquez.
3. Los estudiantes pagan la cuenta.
4. Escuchamos el programa del radio.
5. Catalina pregunta, ¿dónde estás?
6. Él consigue ganar la lotería.
7. ¿Esperas la llegada del avión?
8. El profesor no me hace preguntas.
9. La policía busca prueba.
10. ¿Quiénes preguntan por Jaime?

Handwritten answers:
1. I need the help of a lawyer
2. Rogelio was looking @ Velazquez pictures.
3. The students pay the bill
4. We listen to the radio program
5. Catalina is asking where are you
6. He won the lotto
7. Are you waiting for the plane to arrive
8. Professor don't ask me any questions
9. The police look for proof
10. Who is asking for Jaime

III. Grammar

There are two past tenses in Spanish. In general, the imperfect is used to describe things in the past and the preterit refers to completed past actions.

A. Imperfect Tense

1. The imperfect tense of **-ar** verbs is formed by adding **-aba, -abas, -aba, -ábamos, -abais,** and **-aban** to the stem of the verb. For the imperfect tense of **-er** and **-ir** verbs, add **-ía, -ías, -ía, -íamos, -íais, -ían** to the stem of the verb. Verbs that are radical changing in the present show *no* radical change in the imperfect.

encontrar	**volver**	**escribir**
encontr**aba**	volv**ía**	escrib**ía**
encontr**abas**	volv**ías**	escrib**ías**
encontr**aba**	volv**ía**	escrib**ía**
encontr**ábamos**	volv**íamos**	escrib**íamos**
encontr**abais**	volv**íais**	escrib**íais**
encontr**aban**	volv**ían**	escrib**ían**

2. There are only three irregular verbs in the imperfect tense.

ir	ser	ver
iba	era	veía
ibas	eras	veías
iba	era	veía
íbamos	éramos	veíamos
ibais	erais	veíais
iban	eran	veían

3. The imperfect tense may be translated in several ways.

Él estudiaba.	He was studying, he used to study, he would study.

4. The imperfect tense is used to express the time of day, age, mental and emotional actions, and description in the past.

Eran las dos y media de la tarde.	It was 2:30 in the afternoon.
Llovía y hacía frío.	It was raining and cold.
Yo no sabía la respuesta.	I did not know the answer.
No queríamos ir al centro.	We did not want to go downtown.
Cuando tenía trece años, iba al cine solo.	When I was 13, I would go to the movies alone.

B. Preterit Tense

1. Regular -**ar** verbs form the preterit tense by adding the following endings to the stem of the verb: -**é, -aste, -ó, -amos, -asteis, -aron.** Regular -**er** and -**ir** verbs add the following endings: -**í, -iste, -ió, -imos, -isteis, -ieron.** -**Ar** and -**er** verbs that are radical changing in the present show *no* radical change in the preterit.

encontrar	**volver**	**escribir**
encontré	volví	escribí
encontraste	volviste	escribiste
encontró	volvió	escribió
encontramos	volvimos	escribimos
encontrasteis	volvisteis	escribisteis
encontraron	volvieron	escribieron

2. Infinitives ending in **-gar**, **-car**, and **-zar** show the following spelling change in the first person singular.

   llegar: llegué   buscar: busqué   empezar: empecé

3. Verbs in **-aer**, **-eer**, and **-oír** change the **i** of the ending into **y** in the third person singular and the third person plural. The other persons are regular.

caer		**leer**		**oír**	
caí	caímos	leí	leímos	oí	oímos
caíste	caísteis	leíste	leísteis	oíste	oísteis
cayó	cayeron	leyó	leyeron	oyó	oyeron

4. Verbs in **-uir** (**construir, destruir, huir**) change the **i** to a **y** but only take a written accent on the first and third person singular.

construir	
construí	construimos
construiste	construisteis
construyó	construyeron

5. The following verbs have irregular stems in the preterit.

andar:	**anduv-**	querer:	**quis-**
estar:	**estuv-**	saber:	**sup-**
hacer:	**hic- hiz-**	tener:	**tuv-**
poder:	**pud-**	venir:	**vin-**
poner:	**pus-**		

   These verbs have the following endings: -e, -iste, -o, -imos, -isteis, -ieron.

hacer	
hice	hicimos
hiciste	hicisteis
hizo	hicieron

   The verbs **decir, producir, traducir, conducir,** and **traer** have the same irregular endings. In addition, the preterit stems of these verbs end in **j**.

decir	
dije	dijimos
dijiste	dijisteis
dijo	dijeron

6. Radical-changing **-ir** verbs (**dormir, morir, sentir, seguir, pedir, preferir**) have a change in the third person singular and third person plural of the preterit. In these persons, the **o** of the stem changes to **u** and the **e** of the stem changes to **i**.

dormir		**seguir**	
dormí	dormimos	seguí	seguimos
dormiste	dormisteis	seguiste	seguisteis
durmió	durmieron	siguió	siguieron

7. The verbs **dar, ir,** and **ser** have irregular preterits. The forms for **ser** and **ir** are the same. The context of the sentence will indicate the meaning.

dar		**ir/ser**	
di	dimos	fui	fuimos
diste	disteis	fuiste	fuisteis
dio	dieron	fue	fueron

8. The preterit is used to indicate a completed past action or the beginning of an action in the past.

El portero cerró la puerta.	The doorman closed the door.
Leí hasta las nueve.	I read until 9:00.
Jugamos al golf el sábado pasado.	We played golf last Saturday.
Ramón llamó tres veces.	Ramón called three times.
La Guerra Civil Española empezó en 1936.	The Spanish Civil War began in 1936.

9. Some verbs change meaning in the preterit tense.

conocer: conocí (*I met*)

poder: pude (*I managed*)   no poder: no pude (*I failed*)

querer: quise (*I tried*)   no querer: no quise (*I refused*)

saber: supe (*I found out or learned*)

tener que: tuve que (*I had to*)

Conocí a José en la fiesta.	I met José at the party.
Supimos que Rafael acababa de salir.	We found out that Rafael had just left.
Quise levantar la mesa pero no pude.	I tried to lift the table, but I failed to.

Exercise A. Choose the correct form of the verb.

1. ¿Cuándo (llegó, llegaste, llegaron) Patricia y Marta?

2. Por la mañana (limpió, limpié, limpiamos) yo toda la casa y mi hermano no (hice, hiciste, hizo) nada.

3. ¿(Escribiste, Escribió, Escribisteis) tú la lección de ayer?

4. Las vacaciones (duró, duraron, duré) tres meses.

5. Todos los años (visitábamos, visitaba, visitaban) Ana y yo a nuestros abuelos.

6. (Hacía, Hacían) buen tiempo y por eso Elena e Ignacio (fueron, fuisteis, fue) a la playa.

7. (Era, Eran, Eras) las tres cuando (empecé, empezó, empezaron) la película.

8. Toda la familia (comían, comías, comía) cuando un policía (llamaste, llamó, llamé) a la puerta.

9. Rosaura (fui, fue, fuiste) a la tienda tres veces para comprar una blusa de seda y no (pudiste, pude, pudo).

10. Mientras (cantaban, cantabas, cantaba) el coro, (tocaban, tocabas, tocaba) el órgano.

Exercise B. Translate the following sentences, paying special attention to the use of the imperfect and the preterit.

1. Hacía sol y comíamos un helado.

2. Mientras él caminaba por la calle, miraba los escaparates.

3. Pablo quería salir ayer pero no pudo.

4. Eran las siete cuando mis padres salieron.

5. Tuve que terminar la tarea e ir a trabajar.

6. Sabía la respuesta pero no dije nada.

7. ¿Trajiste algo que comer para la fiesta?

8. Los domingos almorzábamos en un restaurante elegante.

9. ¿Cuándo conociste al profesor Meléndez?

10. Mi hermanito nació el año pasado.

IV. Reading

A. Pre-Reading Exercises. As you read the following passage, apply the pre-reading and post-reading strategies from the Preliminary Lesson.

1. Review the content of the first reading in this chapter.
2. Underline all preterit verb forms and circle imperfect verb forms.
3. Who is the oldest brother?
4. How much do Lladró porcelains cost nowadays?
5. What particular strength does José contribute to the family business?

Porcelanas Lladró (continuación)

Los hermanos Lladró vivieron una infancia (*childhood*) y una adolescencia frugales. Como aprendices (*apprentices*) primero (*first*) y como especialistas después (*later*), trabajaron en las casas «Azulejera Valenciana» y «Nalda», decorando azulejos (*ceramic tiles*) y moldeando y pintando platos de cerámica.

«Empezamos a trabajar cuando éramos aún (*still*) niños», comenta Juan, el mayor (*oldest*) de los hermanos y el más innovador en sus creaciones. Mientras (*while*) Juan o José pintaban, Vicente servía de modelo y José, con su innata predilección por los negocios (*business*), ayudaba (*helped*) a vender (*sell*) sus primeras pinturas y piezas de cerámica. Iniciaron cien (*100*) experimentos y técnicas en la gradación del fuego (*firing temperature*), las mezclas (*mixtures*), el lustre (*glaze*) y la aplicación de colores. Sus primeras ventas (*sales*) fueron creaciones florales y platos decorados con motivos (*motifs*) de la pintura clásica, que se vendían por poco dinero. Hoy, los precios (*prices*) de las creaciones Lladró fluctúan entre $50 y $17.000.

Gracias al esfuerzo (*effort*) conjunto (*joint*) y al conocimiento (*knowledge*) práctico adquirido tras (*after*) muchos años moldeando porcelana, los hermanos Lladró echaron los cimientos (*laid the foundation*) de su primera fábrica (*factory*), que es hoy, en Tavernes Blanques, Valencia, la Ciudad de la Porcelana Lladró, un conjunto (*group*) de elegantes edificios blancos, piscina (*pool*) olímpica, talleres (*workshops*), áreas de deporte (*sports*) y jardines donde una gran familia, integrada por 24.000 empleados, crea (*creates*) las estilizadas figuras de porcelana que son exportadas a todas partes del mundo.

Porcelanas Lladró, adapted from *Diario Las Américas,* Miami, FL, Estados Unidos.

As found in Jarvis et al., ¡*Continuemos*!, 6th Ed. Copyright © 1999 by Houghton Mifflin Co. Used with permission of The Americas Publishing Co. and Houghton Mifflin.

B. Post-Reading Exercises. Respond in English.

1. How do the three brothers work together to make the business successful?
2. What indicates that the business is successful?
3. What apprenticeships did they do?
4. Why would you like to work for this company?
5. What do you notice about numbers in Spanish?
6. Translate the first two sentences of the second paragraph of the text, paying special attention to the use of the preterit and imperfect.

Chapter 4

Future tense, conditional tense, and affirmative and negative word pairs

I. Reading

Apocalipsis: Destrucción

A. Pre-Reading Exercises. (Title, skim, and scan, as presented in the Preliminary Lesson.) This reading is another short story by Marco Denevi, a contemporary Argentine author.

1. Write a short list of ideas that have to do with the title of this story.
2. Do any of the ideas that you have listed appear in the story?
3. This story uses the future tense. Underline the verb forms that you think are in the future tense. There are twelve examples.
4. The future tense is made up of two parts. What are they?
5. What book of the Bible is mentioned?
6. Read the text carefully for comprehension.

Apocalipsis

El fin (*end*) de la humanidad no será esa fantasmagoría ideada por San Juan en Patmos. Ni ángeles con trompetas, ni monstruos, ni batallas en el cielo (*heaven*) y en la tierra. El fin de la humanidad será lento (*slow*), gradual, sin ruido (*noise*), sin patetismo: una agonía (*death*) progresiva. Los hombres se extinguirán uno a uno. Los aniquilarán (*annihilate*) las cosas, la rebelión de las cosas, la resistencia, la desobediencia de las cosas. Las cosas, después de desalojar (*dislodge*) a los animales y a las plantas e instalarse en todos los sitios (*places*) y ocupar todo el espacio disponible (*available*), comenzarán a mostrarse (*to be*) arrogantes, despóticas, volubles (*unstable*), de humor (*mood*) caprichoso. Su funcionamiento no se ajustará (*adjust*) a las instrucciones de los manuales. Modificarán por sí (*themselves*) solos (*alone*) sus mecanismos. Luego funcionarán cuando (*whenever*) se les antoje (*they feel like it*). Por último (*finally*) se insubordinarán, se declararán en franca rebeldía, se desmandarán (*they will go wild*), harán caso omiso (*they will not pay attention*) de las órdenes del hombre.

«Apocalipsis» © Marco Denevi, *Falsificaciones,* Buenos Aires, Corregidor, 1999.
Used with permission.

B. Post-Reading Exercises. Respond in English.

1. What does *apocalypse* mean? Can you find examples of this definition in the text?
2. Who will triumph in the world?
3. What will happen to humankind?
4. What do you think that Marco Denevi is criticizing in this narrative?
5. Translate your two favorite sentences from the text.

II. Vocabulary

Often Spanish nouns derive from verbs. For example, in the reading we have **funcionamiento** and the verb **funcionar**. Some endings for nouns formed from verbs are: **-miento, -ión, -ante, -ada, -ida.**

Exercise. Give the meaning of these words, which are derived from verbs.

1. salir (*to leave*) salida ___EXIT___
2. orar (*to pray*) oración ___PRAYER___
3. comerciar (*to do business*) comerciante ___BUSINESS MAN___
4. llegar (*to arrive*) llegada ___ARRIVAL___
5. conocer (*to know*) conocimiento ___KNOWLEDGE___

6. componer (*to compose*)   composición _____

7. omitir (*to omit*)   omisión _____

8. sentir (*to feel*)   sentimiento ___FEELING_____

9. venir (*to come*)   venida ___RETURN_____

10. desaparecer (*to disappear*)   desaparecimiento ___DISSAPEARENCE___

III. Grammar

A. Future Tense

As you noted in the first reading of this chapter, the future tense is made up of the infinitive plus a series of endings. These endings are:

-é   -emos

-ás   -éis

-á   -án

Most verbs form the future this way, with a few exceptions. In the irregular future forms, the entire infinitive is not used to form the future. These irregular verbs are:

Infinitive	Future stem
caber (*to fit in*)	cabr-
decir (*to say*)	dir-
haber (*auxiliary verb to have, there is, there are*)	habr-
hacer (*to do/make*)	har-
poder (*to be able*)	podr-
poner (*to put*)	pondr-
querer (*to want*)	querr-
saber (*to know*)	sabr-
salir (*to go out*)	saldr-
tener (*to have*)	tendr-
valer (*to be worth*)	valdr-
venir (*to come*)	vendr-

Prefixes are attached to some of these verbs, and these verbs too are irregular. For example:

componer (*to compose*)   compondr-

mantener (*to maintain*)   mantendr-

sobrevenir (*to happen*)   sobrevendr-

1. The future is translated by the word *will* plus the meaning of the infinitive. So, **comeré** means *I will eat.*

2. The future also expresses probability in Spanish. So the sentence **Será María** translates as *It's probably María* or *It must be María*. The question, **¿Quién será?** could translate as *Who can it be?* or *I wonder who it is?*

Exercise A. Translate the following sentences.

1. Alberto vendrá mañana a las seis. _Alberto will come tomorrow @ 6_

2. Las cosas no funcionarán. _The things didn't Function_

3. Él no volverá hasta el viernes. _I will not be able to go Friday._

4. La semana que viene tendrás que estudiar para el examen. _Next week you will have to study_

5. Comeremos en el restaurante mexicano el domingo. _____

6. ¿Cuándo harás la cama? _____

7. ¿Dirán ustedes la verdad? _____

8. ¿Cuándo saldremos para Madrid? _____

9. Mañana por la noche habrá mucha gente en la fiesta. _____

10. Sabrá la respuesta dentro de unos días. _____

Exercise B. Choose the correct translation.

1. Serán las cinco. (*It will be five o'clock.* *It must be five o'clock*).

2. ¿Quién llamará a esta hora de la noche? (*Who will call at this hour of the night? I wonder who is calling at this hour of the night.*)

3. ¿Quiénes estarán en la fiesta? (*I wonder who is at the party. I wonder who will be at the party.*)

4. Ellos trabajarán el sábado porque hay tanto que hacer. (*They are working on Saturday because there is so much to do. They are probably working on Saturday because there is so much to do.*)

5. ¿Cabrá todo en la caja? (*Does it all fit in the box? I wonder if it will all fit in the box.*)

B. Conditional Tense

The conditional tense is formed, like the future, with the infinitive plus a set of endings. The endings are the same as the -er and -ir endings for the imperfect tense. The endings are:

-ía	-íamos
-ías	-íais
-ía	-ían

The same verbs that are irregular in the future are also irregular in the conditional, but the conditional endings remain the same.

1. The conditional is translated by the word *would* plus the meaning of the infinitive. So **yo comería** means *I would eat.*
2. The conditional also expresses probability in the past. So the sentence **Serían las dos** translates as *It probably was or must have been 2 o'clock.*

Exercise A. Underline the correct form of the verb according to the meaning of the sentence.

1. Arnaldo (iría, iríamos, pondrías, pondría) contigo.

2. Ellos (escribirían, escribiría, construirías, construirían) una casa en la playa.

3. Su mamá dijo que ella (sabríamos, sabría, prepararías, prepararía) la cena para la fiesta.

4. Nosotros (haríamos, harían, comeríamos, comerían) un viaje a Bolivia pero no tenemos dinero.

5. Yo (saldría, saldrían, compondríamos, compondría) un poema para su aniversario pero no tengo papel.

6. ¿Qué (dormirías, dormiríamos, pensarías, pensaría) tú en mi lugar?

Exercise B. Translate these sentences that express probability.

1. ¿Quién telefonearía anoche? who would of called cast night

2. ¿Cuándo llegarían ellos? when would they have arrived

3. Alicia y Ramón comerían a las 8:00. they are @ 8

4. Estarías cansado ayer. you would have ben tired yesterday

5. El profesor creía que sabríamos las respuestas. _____

C. Affirmative and Negative Word Pairs

Affirmatives	Negatives
algo (*something or somewhat*)	**nada** (*nothing, not at all*)

alguien (*somebody, someone*)	**nadie** (*nobody, no one*)
alguno (*some [one]*)	**ninguno** (*no one, none*)
jamás (*ever*)	**nunca** (*never*)
o... o (*either, or*)	**ni... ni** (*neither, nor*)
siempre (*always*)	**todavía no** (*not yet*)
también (*also*)	**tampoco** (*neither*)

1. **Alguno** (**algún** before masculine singular nouns) functions as an adjective and as a pronoun.

   Algunas mesas son de madera.   Some tables are made of wood.

   Algunos vendrán mañana.   Some will come tomorrow.

   Ninguno (**ningún** before masculine singular nouns) is the negative counterpart of **alguno.** It is rarely used in the plural.

2. **Algo** means *something,* but it also functions as the adverb *somewhat.*

   Este libro es algo interesante.   This book is somewhat interesting.

   Nada is the negative counterpart of **algo** and also can be used as an adverb.

   Esta blusa no es nada bonita.   This blouse is not at all pretty.

3. In Spanish, the use of double negatives is the rule.

   No sé nada de este tema.   I don't know anything about this topic.

   However, you can also say:

   Nada sé de este tema.

   That is, the negative word can precede the verb, and then **no** is not necessary before the verb.

Exercise. Translate the following sentences.

1. Algunos de los amigos de mis padres estarán de vacaciones ahora. _____

2. Ningún libro tendrá la respuesta. _____

3. No sé tampoco si Rosita vendrá mañana. _____

4. Jamás comeríamos ostras. _____

5. O iré al cine o jugaré al tenis, depende del tiempo. _____

6. No me gusta nada el sabor de este vino. _____

7. ¿Tienes algo que leer durante el viaje? _____

8. Jorge es algo inteligente pero no sabe todo. _____

IV. Reading

A. Pre-Reading Exercises. As you read the following passage, apply the pre-reading and post-reading strategies from the Preliminary Lesson.

1. Review the content of the first reading in this chapter. Consider again the meaning of the title <<Apocalipsis>>.
2. Find the four irregular futures in the text.
3. Find the word that ends in an accented í. What does it mean?
4. List five adjectives that modify the noun **cosas**.

Apocalipsis (continuación)

El hombre querrá que una máquina (*machine*) sume (*add*), y la máquina restará (*subtract*). El hombre intentará (*try to*) poner en marcha (*start*) un motor, y el motor se negará (*not go*). Operaciones simples y cotidianas (*daily*) como encender (*turning on*) la televisión o conducir (*driving*) un automóvil se convertirán en (*will turn into*) maniobras (*maneuvers*) complicadísimas, costosas, plagadas de (*plagued by*) sorpresas y riesgos (*risks*). Y no sólo (*only*) las máquinas y los motores se amotinarán (*mutiny*): también los simples objetos. El hombre no podrá sostener (*hold*) ningún objeto entre las manos porque se le escapará, se le caerá (*fall*) al suelo, se esconderá (*hide*) en un rincón (*corner*) donde nunca lo encuentre (*find*). Las cerraduras (*locks*) se trabarán (*get stuck*). Los cajones (*drawers*) se aferrarán (*stick*) a los montantes (*frames*) y nadie logrará (*succeed in*) abrirlos. Modestas tijeras (*scissors*) mantendrán el pico (*the tip*) tenazmente apretado (*shut*). Y los cuchillos (*knives*) y tenedores (*forks*), en lugar de (*instead of*) cortar (*cutting*) la comida (*food*), cortarán los dedos (*fingers*) que los manejen (*manipulate*). No hablemos de (*not to mention*) los relojes (*clocks*): señalarán (*indicate*) cualquier (*any*) hora. No hablemos de los grandes aparatos electrónicos: provocarán (*cause*) catástrofes. Pero hasta el bisturí (*scalpel*) se deslizará (*slip*), sin que los cirujanos (*surgeons*) puedan impedirlo (*prevent it*), hacia cualquier parte, y el enfermo (*the sick person*) morirá (*die*) con sus órganos desgarrados (*torn to pieces*). La humanidad languidecerá (*languish*) entre las cosas hostiles, indóciles (*unruly*), subversivas. El constante forcejeo (*struggle*) con las cosas irá minando (*will undermine*) sus fuerzas (*strength*). Y el exterminio de la raza de los hombres sobrevendrá (*come about*) a consecuencia del triunfo de las cosas. Cuando el último hombre desaparezca (*disappears*), las cosas frías (*cold*), bruñidas (*polished*), relucientes (*shiny*), duras (*hard*), metálicas, sordas (*deaf*), mudas (*mute*), insensibles (*insensitive*), seguirán brillando (*will continue shining*) a la luz del sol (*in the sunlight*), a la luz de la luna (*moon*), por toda la eternidad.

«Apocalipsis» ©Marco Denevi, *Falsificaciones* (Buenos Aires: Corregidor, 1999).

Used with permission.

B. Post-Reading Exercises. Respond in English.

1. What rebellious acts will take place?
2. Will clocks work? Explain.
3. What will happen in the operating room?
4. What do you think of Marco Denevi's vision of the apocalypse?
5. Translate the first three sentences of this text.

Review Lesson I

Chapters 1–4

The review lessons consist of three thematically connected texts and exercises that reflect the grammar and vocabulary studied in the previous four chapters. We have not glossed these texts, so students will have opportunities to practice using the dictionary. Often there may be verb forms that have not been studied, but this should not inhibit students' clear understanding of the text.

The three texts in this review lesson deal with issues related to the field of Public Health.

Reading and translation tips:

1. The verb is the center of the Spanish sentence, so locating the verb and the subject of the verb will help you figure out the rest of the elements in the sentence. Remember that word order in Spanish is flexible and the subject may follow the verb.

2. Notice that a verbal noun (infinitive) can be the subject of a sentence.

3. Often in scientific/technical texts there are many true cognates.

4. In Spanish, sentences are often very long because of the many subordinate clauses they contain. It is advisable to break up very long Spanish sentences when you translate them into English.

Text 1

Un desayuno completo

Desayunar todos los días reduce el riesgo de sobrepeso y diabetes

Las personas que desayunan todos los días tienen menos probabilidades de ser obesas y diabéticas que aquellas que normalmente no desayunan. Un estudio presentado en una reunión de La Sociedad Americana de Cardiología (the American Heart Association) ha puesto de manifiesto que las tasas de obesidad y de resistencia a la insulina eran un 35% y un 50% inferiores, respectivamente, entre quienes desayunaban a diario, en comparación con quienes se saltan a menudo esta comida.

«Nuestros resultados sugieren que el desayuno quizá sea la comida más importante del día», afirma Mark A. Pereira, de la Facultad de Medicina de Harvard. «Parece que el desayuno desempeña un papel importante en la reducción del riesgo de padecer diabetes tipo dos y enfermedades cardiovasculares.»

Pereira afirma que desayunar podría tener efectos beneficiosos para el apetito, la resistencia a la insulina y el metabolismo de la energía. «El simple hábito de llenarse el estómago por la mañana podría ayudar a las personas a controlar su hambre durante el día y así tener menos probabilidades de comer en exceso a media mañana o en el almuerzo», explica. «O quizá haya una base hormonal para algunos de los efectos, porque la hormona insulina controla el azúcar en sangre, y el nivel de azúcar en sangre está relacionado con lo hambrienta o lo energética que una persona se sienta.»

El síndrome de resistencia a la insulina es un trastorno metabólico caracterizado por la combinación de diversos factores como la obesidad, una elevada acumulación de grasa abdominal, presión arterial alta, y niveles elevados de azúcar en sangre o de insulina en ayunas.

Los resultados se derivan del estudio prospectivo Cardia, en el que han participado 2.831 personas, en las que se evaluaron sus hábitos alimentarios y su riesgo coronario desde 1992 hasta 2000.

El País, martes 11 de marzo de 2003, Madrid, España, p. 40.

A. Grammar and Vocabulary Exercises

1. Underline ten cognates that are *not* medical terms.
2. Circle eight medical cognates.
3. List all the present tense verbs.
4. How many verbs in the imperfect tense are there in the text?
5. What does **podría** mean?
6. What is the subject of **reduce** in the title?
7. What does **sobrepeso** mean?

B. Content Questions

1. How many people were involved in this study?
2. When did the study take place?
3. What is the main idea of this article?
4. What are the benefits of eating breakfast?
5. What are the possible effects of not eating breakfast?
6. Who is Mark A. Pereira and where does he work?

C. Translation. Translate the next to the last paragraph.

Text 2

Aumentan las terapias entre jóvenes para dejar la cocaína y el cannabis

La mayoría de los toxicómanos que se trata por primera vez es adicto a la coca o al hachís.

Rosa M. Tristán, Madrid.

La mayoría de los toxicómanos que solicitan tratamiento por primera vez en España es adicto a la cocaína (34%) o al cannabis (17%). La heroína, que hasta ahora era la sustancia que estaba detrás de la mayoría de las adicciones, se sitúa ya por debajo de estos otros dos psicoestimulantes, y afecta al 42% de quienes han entrado en el millar de centros de rehabilitación existentes en el país.

La relevancia que está adquiriendo tanto el consumo de hachís como del *polvo blanco* es aún mayor si se analiza su incidencia entre los menores de edad: la mitad de los que aún no tienen 19 años están en tratamiento, por primera vez, por su adicción al hachís, un 18% por la cocaína y un 5,5% por el *éxtasis* o MDMA. El *caballo* (heroína) es un problema para el 15% de estos jóvenes.

«El conjunto de las drogas que más se consumen se usa para la diversión, son recreativas, como lo es también el alcohol», destacaba ayer el delegado del Gobierno del Plan Nacional sobre Drogas, Gonzalo Robles, en la presentación de unas jornadas de Proyecto-Hombre.

A tenor de estos datos, que Robles dio a conocer ayer y se corresponden a 2001, queda patente el descenso en la demanda de tratamientos para superar la heroína, que se viene manifestando desde 1996 y se relaciona con el envejecimiento de quienes los solicitan: los heroinómanos que acuden a los centros tienen en torno a los 32,8 años, cuatro años más que en 1995.

Asimismo, continúa disminuyendo el número de los que utilizan la jeringuilla para consumir heroína o cocaína. Ahora sólo una sexta parte usan esta vía parenteral.

Para Robles, el cambio de perfil de los usuarios de los centros de desintoxicación —sobre todo en cuanto al consumo de cannabis— confirma que, «al final, las drogas siempre pasan factura, aunque algunas no tengan una imagen tan dramática como el ver a alguien tirado en la calle».

Durante el pasado año se atendió a 49.376 personas en los centros de todas las comunidades autónomas, entre los que fueron por vez primera y los que repetían. De ellos, 1.021 eran menores de edad que se estrenaban en un tratamiento.

Rosa M. Tristán, *El Mundo,* el 7 de noviembre de 2002. Used with permission.

A. Grammar and Vocabulary Exercises

1. Underline the preterit verbs once and the imperfect verbs twice.
2. What are the drugs mentioned in this article?
3. What do **dio a conocer, a tenor de,** and **en torno a** mean? How did you look them up in the dictionary?
4. What words belong to the same root in this text?
5. What does the adjective **recreativas** modify?

B. Content Questions

1. How many people were treated in these centers, and how many were minors? What do you notice about how numbers are written in Spanish?
2. Is drug use on the rise or on the decline in Spain?
3. Why is Gonzalo Robles mentioned in this article?
4. Why is the request for treatment down for heroin addicts?

C. Translation

1. Translate the title and the subtitle of this text.
2. Translate the last paragraph of the text.

Text 3

Madrid dispondrá en 2003 de 17.400 nuevas plazas de teleasistencia para ancianos

B.A., Madrid.

El Gobierno regional prevé poner en marcha, en colaboración con los ayuntamientos, 17.400 nuevas plazas de teleasistencia para ancianos en 2003. Así lo aseguró ayer la consejera de Servicios Sociales, Pilar Martínez. En la actualidad son 23.285 los mayores de la región que disponen de este dispositivo que, al ser pulsado en caso de emergencia, conecta con una centralita. Las 17.400 nuevas plazas suponen un incremento del servicio del 74%.

La teleasistencia es útil para evitar las muertes de ancianos que viven solos —este año han fallecido más de 60 en esas circunstancias— ya que si se sienten mal pueden pedir auxilio. Sin embargo, numerosos mayores se muestran reticentes a apuntarse a este servicio porque, para disponer de él, deben dejar un juego de llaves de su casa a la compañía encargada de la prestación.

Esas reticencias pueden dejar vacantes buena parte de las nuevas plazas previstas, si bien portavoces de Servicios Sociales niegan esa posibilidad: «hemos programado 17.400 nuevas teleasistencias porque a través de los ayuntamientos sabemos que existe esa necesidad y se potenciará su uso».

La teleasistencia se financia entre la Comunidad y los municipios. En las localidades de más de 20.000 habitantes el Gobierno regional aporta el 65% del coste y el 85% en las mancomunidades. En algunos consistorios los usuarios acceden al servicio de forma gratuita y en otros pagan en función de sus ingresos. Si algún municipio no quiere o no puede aportar su parte en el pago de las nuevas plazas, Servicios Sociales tampoco cree que eso suponga un problema. «Siempre habrá otro que esté dispuesto», aseguran.

Atención Domiciliaria

También está previsto reforzar la atención domiciliaria a ancianos pasando de las 21.451 plazas actuales a 25.415 en 2003. Se abrirán, asimismo, 1.385 plazas en residencias incluidas en el Plan de Mayores, llegando a las 14.703 camas geriátricas públicas.

Martínez explicó que, para poder acometer estos planes, la dirección del Mayor contará en 2003 con un presupuesto superior al de este año: 330 millones frente a los 285 de 2002.

El próximo año también se prevé abrir 321 plazas para discapacitados (161 en residencias con centro ocupacional, 12 en pisos tutelados, 28 en residencias para adultos con retraso mental, 120 en residencias y centros de día para enfermos de esclerosis múltiple). Están proyectados asimismo 11 nuevos centros para enfermos mentales.

El País, el 6 de noviembre de 2002. Reprinted with permission.

A. Grammar and Vocabulary Exercises

1. Find the false cognate in paragraph 1. Give the correct English translation for it.
2. What does **teleasistencia** mean?
3. Underline the radical-changing present tense verbs in this passage and give the infinitive of each one.
4. List three future tense verb forms and indicate their subject.
5. List ten cognates and write their meaning.
6. What is a good translation for **ancianos**?

B. Content Questions

1. What is the main idea of this article?
2. Why do some of those eligible for this service not take advantage of it?
3. Do all the participants pay for this service?
4. What are the plans to expand this service in 2003?
5. Who is the **consejera** of the agency?
6. If you were over 65, would you move to Madrid? Why?

C. Translation

Translate the second and the fourth paragraphs of this text. What difficulties did you encounter?

Chapter 5

Compound tenses and
progressive tenses

I. Reading

Gente indígena

A. Pre-Reading Exercises. (Title, skim, and scan as presented in the Preliminary Lesson.)

1. In this reading there are several compound tenses—tenses made up of a helping verb and a past participle. Examples of compound tenses in English are: They have eaten. She has arrived. We had studied. Examples in Spanish are made up of a form of the auxiliary verb **haber** and the past participle, which in Spanish generally ends in **-ado, -ido,** or has an irregular ending. We translate the preceding English examples as **Ellos han comido. Ella ha llegado. Habíamos estudiado.** See if you can find a similar construction in the following Spanish reading text. Underline the auxiliary verb with one line and the past participle with two lines. Hint: There are five compound tenses in these two paragraphs.

2. There are also three gerunds (the form of the verb that ends in -ing in English) in this reading. The gerund is used to form the progressive tenses in Spanish. Examples of the progressive tense in English are: It is raining. They were singing. We are knitting. The progressive tense in Spanish is made up of a form of **estar** plus the gerund, which ends in **-ando** or **-iendo**. We translate the English examples as: **Está lloviendo. Estaban cantando. Estamos tejiendo.** Do you recognize any progressive tenses in the text?

3. What people are presented in this text?

4. What country is mentioned?

5. What numbers appear in the text? To what do the numbers refer?

6. Now read the text carefully.

Wichí: luchando (*struggling*) por sobrevivir (*survive*) en Argentina

Durante 90 años, los wichí han sufrido la invasión gradual de extranjeros (*foreigners*) en su territorio. Lo que (*what*) fue una vez (*at one time*) una tierra fértil llena de (*full of*) árboles (*trees*) y arbustos (*shrubs*) se ha convertido en (*has become*) un desierto seco (*dry*). Junto con (*together with*) otras plantas, varios tipos de animales que los wichí cazaban (*hunted*) han desaparecido (*disappeared*). Hoy en día (*Nowadays*), los wichí no están en peligro (*danger*) de extinción, pero su forma de vivir (*living*) tradicional está desapareciendo. Como respuesta (*response*) los wichí se están organizando y luchando desesperadamente (*desperately*) por asegurar (*secure*) su territorio.

   Desde (*since*) el comienzo (*beginning*) del siglo (*century*) XX, los wichí han sufrido malos tratos (*treatment*) así como (*as well as*) serios (*serious*) ataques violentos en que muchos indígenas murieron. Los colonizadores siempre armados, no sólo (*only*) han introducido enfermedades (*diseases*), sino también ganado (*cattle*) que perjudica (*damage*) la tierra frágil y árida de los wichí.

From www.survival-international.org, adapted from Silvia C. Gomez, *El punto en cuestion.* Copyright © 1998, National Textbook Company, by permission of The McGraw-Hill Companies and Survival for Tribal Peoples.

B. Post-Reading Exercises. Respond in English.

1. Who are the Wichí?

2. What has happened to their land?

3. What are they doing to protect their way of life?

4. Translate the last sentence of each paragraph. List the words that you had to look up in the dictionary.

II. Vocabulary

Many words in Spanish have prefixes. You can increase your vocabulary rapidly by recognizing the root word and the meaning of the prefix. For example, the word **natural** means *natural*. By adding the prefix **sobre** (*super*) the word **sobrenatural** means *supernatural*.

Exercise

Humano means _____ . What does **sobrehumano** mean?

Imponer means *to impose*. What does **sobreimponer** mean?

Des- is often the English equivalent of *dis-*.

Contento means *happy*. What does **descontento** mean?

Aparecer means *to appear*. What does **desaparecer** mean?

Cubrir means *to cover*. What does **descubrir** mean?

Ante- means *before*.

Ayer means *yesterday*. What does **anteayer** mean?

Mano means *hand*. What does **antemano** mean?

Anoche means *last night*. What does **anteanoche** mean?

III. Grammar

A. Compound Tenses

1. Compound tenses in Spanish are formed with the helping verb **haber** and the past participle. In English, we have the present perfect (I have eaten), the past perfect (we had written), the future perfect (he will have arrived), and the conditional perfect (you would have stayed). These same tenses occur in Spanish with the addition of a preterit perfect tense. The verb **haber** is conjugated according to the subject of the sentence.

2. The past participle is formed by adding -**ado** to the stem of -**ar** verbs and -**ido** to the stem of -**er** and -**ir** verbs. Therefore, the past participle of the verb **hablar** is **hablado**, the past participle of the verb **comer** is **comido**, and that of the verb **vivir** is **vivido**.

3. There are several common verbs (and their compounds) with irregular past participles. The most common are:

abrir:	**abierto** (*opened*)	**cubrir:**	**cubierto** (*covered*)
decir:	**dicho** (*said*)	**hacer:**	**hecho** (*made*)
escribir:	**escrito** (*written*)	**morir:**	**muerto** (*dead*)
poner:	**puesto** (*put*)	**romper:**	**roto** (*broken*)
ver:	**visto** (*seen*)	**volver:**	**vuelto** (*returned*)

4. We use the present tense of the verb **haber** to form the present perfect tense. An example of the present perfect tense in English is: They have played. The conjugation of the present tense of **haber** is:

(yo)	he	(nosotros/as)	hemos
(tú)	has	(vosotros/as)	habéis
(él, ella, usted)	ha	(ellos, ellas, ustedes)	han

5. An example of the past perfect tense in English is: Alexander had conquered. To form the past perfect we conjugate **haber** as follows:

(yo)	había	(nosotros/as)	habíamos
(tú)	habías	(vosotros/as)	habíais
(él, ella, usted)	había	(ellos, ellas, ustedes)	habían

6. An example of the preterit perfect tense is: Elena and Carlos had left. Notice that the past perfect and the preterit perfect have the same translation. However, the preterit perfect is usually found in written texts. To form the preterit perfect we conjugate **haber** as follows:

(yo)	hube	(nosotros/as)	hubimos
(tú)	hubiste	(vosotros/as)	hubisteis
(él, ella, usted)	hubo	(ellos, ellas, ustedes)	hubieron

7. An example of the future perfect in English is: We will have written. To form the future perfect we conjugate **haber** as follows:

(yo)	habré	(nosotros/as)	habremos
(tú)	habrás	(vosotros/as)	habréis
(él, ella, usted)	habrá	(ellos, ellas, ustedes)	habrán

8. An example of the conditional perfect in English is: Everyone would have agreed. To form the conditional perfect we conjugate **haber** as follows:

(yo)	habría	(nosotros/as)	habríamos
(tú)	habrías	(vosotros/as)	habríais
(él, ella, usted)	habría	(ellos, ellas, ustedes)	habrían

9. Sometimes the past participle functions as an adjective. As an adjective it must agree with the gender and number of the noun it is modifying. Examples are: **la mesa cubierta de papeles** (*the table covered with papers*), **los coches estacionados en la calle** (*the cars parked on the street*), **las casas pintadas de rojo** (*the houses painted red*).

Exercise. Translate the following.

1. Roberto ha muerto. _____

2. Los valientes habían triunfado. _____

3. Mi amigo habrá llegado. _____

4. ¿Hubiste escrito la carta ayer? _____

5. Todos habrían dicho que sí. _____

6. Ya han celebrado el Día de los Muertos. _____

7. Yo había vuelto de Cuba. _____

8. Habremos preparado la lección. _____

9. Habrías hecho los ejercicios. _____

10. Nunca hube visto tal cosa. _____

11. los niños cansados _____

12. el vaso roto _____

13. los hombres vestidos de negro _____

14. la caja abierta _____

15. las ideas recibidas _____

B. Progressive Tenses

The progressive tense is formed most often with the verb **estar** and the gerund. The progressive is most frequently found in the present, imperfect, and preterit tenses. (For the conjugation of **estar**, see Chapters 2 and 3). The gerund is formed by adding **-ando** to the root of infinitives ending in **-ar** and by adding **-iendo** to the root of infinitives ending in **-er** and **-ir**. For example, the gerund for **jugar** is **jugando,** the gerund for **entender** is **entendiendo,** and the gerund for **escribir** is **escribiendo.** The ending of the gerund for infinitives ending in **-aer, -eer,** and **-uir** is **-yendo** and not **-iendo.** Examples are: **caer** and **cayendo,** **leer** and **leyendo,** **construir** and **construyendo.** A few gerunds are irregular. They are: **diciendo, pudiendo, viniendo,** and gerunds for other radical-changing verbs. Other verbs can be used with the gerund to form the progressive tenses. They are **andar, continuar, ir, seguir,** and **venir.** The meaning of the tense changes slightly with these verbs.

Exercise. Translate the following.

1. Estamos diciendo la verdad. _____

2. Estuviste comentando el texto ayer. _____

3. Yo estaba cantando por la calle. _____

4. Pepe estaba recibiendo regalos. _____

5. Jaime y Ana están respondiendo bien. _____

6. José estuvo leyendo toda la noche. _____

IV. Reading

A. Pre-Reading Exercises. As you read the following passage, apply the pre-reading and post-reading strategies from the Preliminary Lesson.

1. Review the content of the first reading in this chapter. Who are the Wichí?
2. How many Wichí are there?
3. How hot is it in the summer where they live?
4. What are their staple crops?
5. Now read the text carefully.

Los wichí (continuación)

Los wichí son todavía (*still*) una población numerosa entre 20.000 a 50.000 personas que viven en el sudeste (*southeast*) de Bolivia y noreste de Argentina, en una región semiárida conocida (*known*) como el Chaco. Las comunidades wichí tienen su propio (*own*) territorio, pero frecuentemente seis o siete comunidades comparten (*share*) las regiones. En la sociedad wichí cada comunidad incluye uno o más clanes, los hombres se van a vivir en la comunidad de su esposa cuando se casan (*get married*).

Tienen una relación muy estrecha (*intimate*) con sus alrededores (*surroundings*). Sus casas pequeñas hechas de lodo (*mud*) y ramas (*branches*) se adaptan fácilmente (*easily*) a las altas temperaturas de 50 grados centígrados bajo sombra (*shade*) en el verano (*summer*). Durante los meses (*months*) del invierno (*winter*) seco, dependen del pescado (*fishing*). En los veranos húmedos cultivan maíz, frijol (*beans*) y calabazas (*squash*) que crecen (*grow*) en sus jardines (*gardens*) que están protegidos de las invasiones del ganado de los colonizadores con espinas (*thorns*).

Para los wichí, la desertificación (*becoming a desert*) se traduce (*is translated*) en hambre (*hunger*) debido a (*due to the fact*) que sus recursos (*resources*) tradicionales alimenticios (*food*) están desapareciendo. Muchas veces los jardines protegidos con espinas son pisoteados (*trampled*) por el ganado de los colonizadores.

Como resultado del deterioro del medio ambiente (*environment*), los criollos están evitando (*preventing*) que los indígenas tengan (*have*) control sobre las pocas (*few*) tierras productivas que quedan (*remain*). Les (*them*) prohiben cazar (*hunt*) animales y, en algunos casos, les han negado (*denied*) el acceso a los pozos (*wells*) de agua que son básicos para sobrevivir.

From www.survival-international.org, adapted from Silvia C. Gomez, *El punto en cuestion*. Copyright © 1998, National Textbook Company, by permission of The McGraw-Hill Companies and Survival for Tribal Peoples.

B. Post-Reading Exercises. Respond in English.

1. What is happening to the traditional food sources of the Wichí? Why is this happening?

2. Who are preventing the Wichí from controlling their own land?

3. What interesting marital custom do the Wichí follow?

4. Describe in one or two sentences the lifestyle of the Wichí.

5. Translate the last two paragraphs of the article. List the words that you had to look up in the dictionary so that you can develop your own glossary of terms.

Chapter 6

Commands, present subjunctive,
and present subjunctive in
noun clauses

I. Reading

Bebida refrescante

A. Pre-Reading Exercises. (Title, skim, and scan, as presented in the Preliminary Lesson.)

1. Where is this recipe from?
2. How many seeds are used in the recipe?
3. What appliance is mentioned?
4. How long should you wait before you serve this drink?

Gastronomía

Bebidas (*drinks*) con sabor (*flavor*) mexicano

Horchata

La horchata, una bebida de origen español, fue refinada por los franceses mediante (*by means of*) la adición de almendras (*almonds*). En la región del Yucatán, la horchata se prepara con arroz y almendras empapadas (*soaked*) durante horas en agua fresca, y convertidas luego en un puré que se mezcla (*is mixed*) con agua, hielo (*ice*), azúcar y canela (*cinnamon*). En los cafés al costado de (*next to*) la carretera (*highway*), cantinas o puestos (*stalls*) de agua fresca que se instalan en lugares (*places*) concurridos (*crowded*), es posible obtener una horchata preparada con semillas (*seeds*) de melón. La receta siguiente (*following*) es más antigua y complicada que la (*the one*) de uso en la actualidad, pero con ella se obtiene un refresco (*drink*) poco común (*uncommon*).

Horchata de las cuatro simientes (*seeds*)

Cuatro porciones
$^1/_2$ taza (*cup*) de semillas de melón
$^1/_2$ taza de semillas de sandía (*watermelon*)
$^1/_2$ taza de semillas de zapallo (*pumpkin*)
$^1/_2$ taza de semillas de pepino (*cucumber*)
1 cuarto de galón de agua
$^1/_2$ taza de azúcar
una pizca (*a little bit*) de jugo (*juice*) de naranja (*orange*)
2 cucharaditas (*teaspoons*) de canela

Lave (*wash*) bien las semillas, déjelas (*let them*) secar (*dry*) y muélalas (*grind them*) muy finas, en un mortero (*mortar*) o en un procesador de alimentos (*food*). En un tazón (*bowl*) grande mezcle las semillas con el agua, el azúcar y la canela. Tape (*cover*) el recipiente y colóquelo (*place it*) en el refrigerador o en un lugar fresco (*cool*), revolviéndolo (*stirring it*) ocasionalmente. Déjelo reposar (*rest*) por lo menos (*at least*) dos horas. Agregue (*add*) el jugo de naranja u (*or*) otro cítrico (*citrus juice*) y fíltrelo (*strain it*) a través de una estopilla (*cheesecloth*) o colador (*sieve*) fino. Añada (*add*) hielo y sírvalo (*serve it*) en vasos (*glasses*) altos. (Nota: es preferible usar semillas frescas. Si se usan semillas secas, déjelas reposar más tiempo para extraerles (*extract from them*) todo el sabor.) Para esta receta puede usarse cualquier (*any*) combinación de dos tazas de semillas de zapallo y melón —calabaza, zapallito (*zuchini*).

Jack Robertiello, «Horchata de las 4 simientes», *Américas*, March/April 1994, p. 59.

B. Post-Reading Exercises

1. During what season of the year would this be an appropriate recipe?
2. What are the four seeds mentioned? Have you ever used this combination of seeds to make a drink?

3. What are the suggestions to strain this mixture?

4. Does this resemble any other refreshment that you have had? Explain.

5. Translate the passage that begins with the word **Nota**.

II. Vocabulary

1. To play. Spanish uses different verbs for *to play a game* and *to play a musical instrument*. **Jugar** is used for playing a game, and **tocar** is used for musical instruments.

Juan juega al béisbol los sábados.	Juan plays baseball on Saturdays.
Los niños aprenden a tocar el piano.	The children are learning to play the piano.

2. To put. Spanish uses different verbs to mean *to put, to put into,* and *to place*. The general word is **poner**. To put into is **meter** and to place is **colocar**.

¿Dónde vas a poner el libro?	Where are you going to put the book?
Metí la maleta en el maletero.	I put the suitcase in the trunk of the car.
Mi mamá colocó la bandeja en el bufet.	My mother put the tray on the buffet.

3. To miss. To miss a person, place, or thing is expressed in Spanish by either **extrañar** or **echar de menos**. To miss a means of transportation is expressed with the verb **perder,** and to miss an event/not attend is **faltar a.**

Te echo de menos cuando estás viajando.	I miss you when you are traveling.
Los exiliados extrañan mucho a su patria.	The exiles miss their homeland very much.
Voy a llegar tarde porque perdí el autobús de las ocho.	I am going to arrive late because I missed the 8 o'clock bus.
Roberto ha faltado a muchas clases.	Roberto has missed many classes.

Exercise. What is wrong with each sentence?

1. Lejos de casa, pierdo a mi familia.

2. ¿Cuántas veces has echado de menos a clase?

3. ¿Jugaste al violín ayer?

4. ¿Faltarás al tren de Sevilla?

5. ¿Cuándo tocaremos al golf?

6. Puse el plato en el horno.

7. José metió las llaves sobre la mesa.

8. Metimos los vasos en la mesa.

III. Grammar

A. Commands

There are two sets of commands in Spanish: formal, which correspond to **usted** and **ustedes;** and the informal commands, which correspond to **tú** and **vosotros/as.**

1. The root of the formal commands is the first person singular present tense of the verb. For -**ar** verbs, the -**o** is eliminated and is replaced by -**e** for the **usted** form and by -**en** for the **ustedes** form. For -**er** and -**ir** verbs, the -**o** is replaced by -**a** for the **usted** form and by -**an** for the **ustedes** form.

contar	vender	servir
cuento>cuente, cuenten	vendo>venda, vendan	sirvo>sirva, sirvan

Cuente usted estos lápices.   Count these pencils.

Vendan ustedes los periódicos en la esquina.   Sell the papers on the corner.

Sirva usted el té a las cuatro.   Serve the tea at 4:00.

2. There are several verbs that have an irregular first person singular form:

decir: digo   poner: pongo   valer: valgo

hacer: hago   tener: tengo

The **usted** and **ustedes** commands for these verbs are:

diga, digan   ponga, pongan   valga, valgan

haga, hagan   tenga, tengan

3. The first person singular of some verbs does not end in **o**. These verbs have an irregular command form.

dar	estar	ir	saber	ser
doy>dé, den	estoy>esté, estén	voy>vaya, vayan	sé>sepa, sepan	soy>sea, sean

4. Certain verbs undergo a spelling change in the command form.

   a. **-car** verbs like **buscar** change **c** to **qu** before **-e**: Busco>busque, busquen

   b. **-gar** verbs like **pagar** change **g** to **gu** before **-e**: Pago>pague, paguen

   c. **-zar** verbs like **gozar** change **z** to **c** before **-e**: Gozo>goce, gocen

   d. **-guar** verbs like **averiguar** change **gu** to **gü** before **-e**: averiguo>averigüe, averigüen

5. The affirmative **tú** command is the same as the third person singular present tense. For example: **habla, come, duerme.** There are several irregular affirmative **tú** commands.

   decir: di   hacer: haz   ir: ve   poner: pon

   salir: sal   ser: sé   tener: ten   venir: ven

6. The negative **tú** command is the same as the **usted** command plus **-s**.

   no hables   no comas   no duermas

   no digas   no hagas   no pongas

   no tengas   no salgas   no vengas

   no vayas   no seas

7. The root of the affirmative **vosotros** command is the infinitive. To form the command, change the **-r** of the infinitive to a **-d**: **rogar: rogad, encender: encended,** and **escribir: escribid.**

8. The negative form of **vosotros** commands uses the root of the **usted** command. For **-ar** regular verbs add **-éis**; for **-er** and **-ir** regular verbs add **-áis**.

   hablar: no habléis   comer: no comáis   decir: no digáis

   -Ar and **-er** radical-changing verbs show no radical change in the negative **vosotros** command.

   encontrar: no encontréis   encender: no encendáis

   -Ir verbs do show a radical change.

   servir: no sirváis   pedir: no pidáis   dormir: no durmáis

Exercise

Translate the following commands and indicate if they are formal or informal.

1. Pague la cuenta. _____

2. No vayas al parque. _____

3. Sea bueno. _____

4. Sal inmediatamente. _____

5. Ven acá. _____

6. No se preocupen. _____

7. No fuméis. _____

8. No pongas el televisor. _____

9. Sigan las instrucciones. _____

10. Decid la verdad. _____

11. No juegues en la calle. _____

12. No molestéis al perro. _____

13. No hagan tanto ruido. _____

14. Sacad la basura. _____

15. Acueste al niño a las ocho. _____

B. Present Subjunctive

The present subjunctive is formed like the **usted** command, from the first person singular of the present tense.

estudiar		comer		vivir	
estudie	estudiemos	coma	comamos	viva	vivamos
estudies	estudiéis	comas	comáis	vivas	viváis
estudie	estudien	coma	coman	viva	vivan

1. Radical-changing -**ar** and -**er** verbs show no change in the **nosotros** and **vosotros** forms.

rogar		encender	
ruegue	roguemos	encienda	encendamos
ruegues	roguéis	enciendas	encendáis
ruegue	rueguen	encienda	enciendan

2. Radical-changing -**ir** verbs change the vowel of the stem of the infinitive from e to i and from o to u in the **nosotros** and **vosotros** forms.

sentir		pedir		morir	
sienta	sintamos	pida	pidamos	muera	muramos
sientas	sintáis	pidas	pidáis	mueras	muráis
sienta	sientan	pida	pidan	muera	mueran

3. Verbs with irregular **usted** commands have irregular subjunctive forms.

dar		estar		ir		saber		ser	
dé	demos	esté	estemos	vaya	vayamos	sepa	sepamos	sea	seamos
des	deis	estés	estéis	vayas	vayáis	sepas	sepáis	seas	seáis
dé	den	esté	estén	vaya	vayan	sepa	sepan	sea	sean

C. Present Subjunctive in Noun Clauses

The subjunctive is used most often in dependent clauses. The dependent clause is affected when the independent (main) verb expresses emotion, doubt, denial, opinion, request, volition, preference, or order. The two clauses are connected by the word **que**. Each clause has a different subject.

Some of the most common verbs or expressions that require the subjunctive are:

aconsejar (*to advise*)

alegrarse de (*to be glad about*)

dejar (*to allow*)

desear (*to wish*)

esperar (*to hope*)

exigir (*to demand*)

mandar (*to order*)

negar (*to deny*)

no creer (*not to believe*)

pedir (*to ask for*)

permitir (*to permit*)

preferir (*to prefer*)

prohibir (*to prohibit*)

querer (*to want*)

rogar (*to beg*)

sentir (*to regret*)

ser bueno (*to be good*)

ser fácil (*to be easy*)

ser importante (*to be important*)

ser posible (*to be possible*)

sugerir (*to suggest*)

tener miedo (*to be afraid*)

Me alegro de que Juan esté bien.	I am glad that Juan is well.
Esperamos que todos vengan a la fiesta.	We hope everyone will come to the party.
Es importante que estudies mucho.	It is important that you study a lot.
Es bueno que no haga calor hoy.	It is good that it is not hot today.
Todos piden que Carlos no salga de noche.	Everyone asks Carlos not to go out at night.
Roberto quiere que Ana diga que sí.	Roberto wants Ana to say yes.
Mamá no permite que comas dulces.	Mama does not allow you to eat sweets.
No creo que lleguen a tiempo.	I don't believe that they will arrive on time.

If there is no change of subject, the infinitive is used.

Es posible ganar mucho dinero en este trabajo.	It is possible to earn a lot of money on this job.
Felipe desea comprar un coche nuevo.	Felipe wants to buy a new car.
Prefiero no invitar a esos señores.	I prefer not to invite those men.

Exercises

A. Underline the subjunctive forms when they appear.

1. Creo que ella sale esta mañana.
2. Preferimos que usted lea en voz alta.
3. Es posible que respondan.
4. Dudo que la función empiece a las ocho.
5. En este restaurante no se permite fumar.
6. Espero que la cena esté lista.

B. Translate the following sentences into idiomatic English.

1. ¿Se alegra Ud. de que María se case con este joven?

   _____

2. Rosa quiere mandar el traje a su hermano.

   _____

3. Creo que ella sale esta mañana.

   _____

4. La profesora se enoja de que los estudiantes hablen en clase.

   _____

5. Mario teme que ellos no escuchen.

   _____

6. Es necesario que agreguemos sal a esta receta.

   _____

IV. Reading

A. Pre-Reading Exercises. As you read the following passage, apply the pre-reading and post-reading strategies of the Preliminary Lesson.

1. Underline all commands once and the subjunctive verb twice.
2. What Caribbean ingredients are in the recipe?
3. How long will it take to cook the entire dish?
4. What is the difference between "picadito" and "picado"?
5. What color will the rice be when the dish is served?

En la cocina (kitchen)

Buenas noches, querida televidente. Hoy en el programa de *La tía Julia cocina* (cooks) vamos a enseñarte a (show you how) hacer un plato (dish) exquisito: el arroz con pollo. No hay ningún plato más popular que éste en la región del Caribe. A continuación (Now) te voy a dar una de las mejores recetas (recipes).

Ingredientes:

un pollo cortado en pedazos pequeños
dos cucharadas de jugo de limón
ajo (garlic) picadito (minced)
una cebolla (onion) bien picada
un ají (pepper) verde bien picado
1 taza de salsa de tomate
dos tazas de caldo (broth) de pollo
una cucharada (tablespoon) de sal
una pizca (pinch) de pimienta (black pepper)
$^{1}/_{2}$ taza de aceite (oil) de oliva
una pizca de azafrán (saffron)
media (half) taza de vino blanco
dos tazas de arroz (rice) blanco

Primero corta el pollo en pedazos pequeños y luego pon los pedazos en un recipiente (bowl). Añádeles (Add) a los pedazos jugo de limón y un poco de ajo picado.

Ahora calienta (heat) un poco de aceite de oliva en una cazuela (pot), añade los pedazos de pollo y pon a freír (fry) el pollo a fuego (heat) mediano (medium). Añade una cebolla y un ají verde bien picados. Deja cocinar todo unos cinco minutos.

Añade una taza de salsa de tomate, una cucharada de sal, una pizca de pimienta y azafrán, media taza de vino blanco y dos tazas de caldo de pollo. Deja cocinar todo unos cinco minutos más.

Añádele ahora dos tazas de arroz blanco a la cazuela. Mezcla (Mix) todo bien y cuando vuelva a hervir (boils again), tapa (cover) la cazuela y deja cocinar todo a fuego lento (low) unos veinticinco minutos.

Ya está listo el delicioso arroz con pollo. Sirve el arroz con pollo caliente y ...¡Buen provecho (Enjoy)!

B. Post-Reading Exercises. Respond in English.

1. Compare the recipe at the beginning of the chapter with this one. How do they differ in style and tone?

2. For what occasion would you prepare this dish?

3. What other Hispanic dishes have you prepared? Do they have similar ingredients to this dish?

4. Is this a healthy recipe? Explain.

5. Translate the last two paragraphs beginning with "Añádele ahora dos tazas de arroz blanco...".

Chapter 7

Present subjunctive in adjective and adverbial clauses, imperfect subjunctive, and sequence of tenses

I. Reading

A. Pre-Reading Exercises. (Title, skim, and scan, as presented in the Preliminary Lesson.)

1. Underline all the present subjunctive forms that you see.
2. What study is cited in the text?
3. What are Federico's academic credentials?
4. How old is Francisco?
5. What are the hardest months for Miguel?

Vive de tus padres hasta la jubilación (*retirement*)

No hay quien les eche (*throw out*) del hogar (*home*) familiar. Trabajan, ganan dinero y tienen coche. Viven felices. Son los hijos. Los hijos gorrones (*sponging*), claro está (*of course*).

La comodidad (*comfort*) es la principal causa de que muchos jóvenes españoles que tienen suficientes recursos (*resources*) como para emanciparse no quieran hacerlo.

Según el informe (*report*) *Juventud (youth) en España,* del Instituto de la Juventud, el 77% de los jóvenes (entre 15 y 30 años) vive con sus padres. El informe refleja que la mayoría (*majority*) se emancipa cuando se casa (*get married*). Federico, Francisco o Miguel no tienen excusas.

Federico tiene 28 años y su despacho (*office*) está en casa. Y la cocinera (*cook*), y la lavandera (*laundry lady*). Y todo le haga falta (*that he may need*). Acabó (*completed*) Biológicas (*a degree in biology*) en 1992, hizo un máster de Dirección de Empresas (*Business Administration*) y trabaja desde hace más de un año en una multinacional alemana (*German*), coche de la empresa incluido. «Entro, salgo, hago lo que me apetece (*I feel like*), no tengo gastos (*expenses*) en casa... La gente es muy comodona (*accommodating*).» Y se muestra (*is*) sincero: «si tuviera (*had*) un hijo querría que se fuese (*leave*) lo antes posible (*as soon as possible*)».

Francisco cumplió (*is*) los 29. Aunque (*Although*) goza de (*enjoys*) independencia económica, nunca se ha planteado (*he has never thought about*) irse a vivir fuera de casa. «Estoy muy a gusto (*content*) con mis padres y hermanas. Si viviera (*lived*) solo, me aburriría (*would be bored*).» Nunca ha ahorrado (*saved*). Ni para un alquiler (*rent*) ni para comprar una vivienda (*housing*). «Sólo lo haría si encontrase (*I found*) a una chica.»

A sus 30 años Miguel es el vividor consciente (*consciously an opportunist*): «En casa se vive como en un hotel. Te planchan (*iron*), te ponen de comer (*they feed you*)... ». Únicamente se queda (*you are*) solo los meses de julio y agosto y reconoce (*admit*) el calvario (*heavy burden*) que supone (*implies*). «Al principio (*at first*) muy bien, pero al final estoy deseando que venga mi madre para ver si me organiza todo.»

Adapted from «Vive de tus padres hasta la jubilación» *El Mundo*.
As found in *El punto en cuestion* by Sylvia C. Gomez, McGraw-Hill Education,
New York, p. 92. Reprinted with permission of McGraw-Hill and *El Mundo*.

B. Post-Reading Exercises

1. What are the implications of the title of this article?
2. What do Federico, Francisco, and Miguel have in common?
3. Why do they not have their own apartments?
4. What kinds of attitudes are expressed or implied in the article?
5. How does the article reflect Spanish tradition and culture?
6. Look up the word **calvario** in the dictionary. Why did we gloss it as "heavy burden"?
7. Translate the last paragraph of this article.

II. Vocabulary

1. **Avisar** and **aconsejar. Avisar** does not mean *to advise* but rather *to warn, inform, notify,* or *send for.* **Aconsejar** means *to advise, counsel,* and *recommend.*

Tomás me avisa que me lleve el paraguas.	Thomas warns me to take my umbrella.
Le han avisado que llegarán tarde.	They have notified him that they will arrive late.
Cuando el estudiante se enfermó, la profesora avisó a la enfermera.	When the student got sick, the teacher informed the nurse.
¿Me aconsejas comprar este coche?	Do you advise me to buy this car?
Le aconsejo que viaje por taxi.	I advise you to take a cab.

2. **Carácter** and **personaje. Carácter** refers to one's personal character, trait, or personality. **Personaje** is a character in a literary work or a person of importance.

Iván el Terrible tuvo muy mal carácter.	Ivan the Terrible had a really bad personality.

Alicia tiene muy buen carácter.	Alicia has a very good character.
Guillermo el Conquistador era un personaje muy importante en la historia de Inglaterra.	William the Conqueror was a very important personage in the history of England.
Tom Sawyer es un personaje en una novela de Mark Twain.	Tom Sawyer is a character in a novel by Mark Twain.

3. **Realizar** and **darse cuenta. Realizar** does not mean *to realize* (as a mental activity) but rather *to do, accomplish, fulfill,* or *carry out.* **Darse cuenta** means *to realize* or *become aware of.*

Por fin los inmigrantes realizaron su sueño de ciudadanía.	The immigrants finally fulfilled their dream of citizenship.
José realizó un sondeo sobre el uso de drogas en las escuelas secundarias.	José did a survey about drug use in high schools.
Me di cuenta de que salí sin dinero.	I realized that I left without any money.

III. Grammar

A. Present Subjunctive in Adjective Clauses

An adjective clause describes a noun or pronoun. For instance, in the sentence: Do you know anyone who speaks Russian? the clause "who speaks Russian" is an adjective clause describing the indefinite pronoun *anyone*. Since the answer is unknown at the time of the question, the subjunctive is used in Spanish. The Spanish sentence is: **¿Conoce a alguien que hable ruso?** In Spanish, the subjunctive is used in the dependent clause when the antecedent (*anyone* in our example) is unknown, indefinite, or nonexistent. Remember that the dependent clause is introduced by the word **que**.

Busco a alguien que arregle mi coche.	I am looking for someone to repair my car.
No hay nada aquí que quiera.	There is nothing here I want.
¿Hay un restaurante cerca que sirva comida mexicana?	Is there a restaurant nearby that serves Mexican food?*

---

*Note: If the last example were a statement, there would be no subjunctive because the restaurant exists: **Hay un restaurante aquí que** *sirve* **comida mexicana.**
Because the friend exists, no subjunctive is used in the sentence: **Tengo un buen amigo que juega bien al golf.**

B. Present Subjunctive in Adverbial Clauses

Adverbial clauses tell when, where, and how the main verb took place. For instance, in the sentence: **Él saldrá tan pronto como Anita llame** (He'll leave as soon as Anita calls), **tan pronto como Anita llame** is the adverbial clause and tells when the action will take place. Since this is a future action, the subjunctive is used in Spanish. If the action had already taken place or if it were a customary action, the indicative would be used: **Él salió tan pronto como Anita llamó.**

The following adverbial conjunctions *always* take the subjunctive:

a fin de que	in order that	**con tal (de) que**	provided that
antes de que	before	**para que**	so that
a menos que	unless	**sin que**	without
a no ser que	unless		

Whether the subjunctive or the indicative is used does not affect the English translation of the sentence. Also the order of the clauses in these sentences is not fixed. That is, the adverbial clause (dependent clause) can precede the main clause

Jorge estudia mucho para que (a fin de que) sus padres sean orgullosos de él.	Jorge studies a lot so that his parents will be proud of him.
Irán de pesca este fin de semana con tal que no llueva.	They'll go fishing this weekend provided it doesn't rain.

Exercise. Translate the following sentences.

1. No voy al mercado a menos que Virginia insista.

2. ¿Conoces a alguien que sepa coser?

3. A veces los estudiantes salen antes de que termine la clase.

4. Los señores Lapesa llegaron después de que habían servido la comida.

5. Buscamos un guía que conozca bien la ciudad.

6. Pedro saca la basura sin que nos demos cuenta.

7. Puedo recomendar un libro que explica este asunto con claridad.

8. Haré todo lo posible para que estés contento.

9. ¿Hay un almacén donde pueda conseguir esta herramienta?

10. Tenemos un mecánico que es una maravilla.

C. Imperfect Subjunctive

1. The stem of the imperfect subjunctive is the third person plural of the perterit up to the -**ron** ending. Since the preterit tense is the most irregular tense in Spanish, you should review this tense (Chapter 3). The imperfect subjunctive is formed by eliminating the -**ron** from the third person plural and replacing it with the following endings: -**ra**, -**ras**, -**ra**, -**ramos**, -**rais**, -**ran**. These endings are for all three conjugations. There is another set of endings for the imperfect subjunctive that you may see less often: -**se**, -**ses**, -**se**, -**semos**, -**seis**, -**sen**. However, the translation is the same for both sets of endings.

rezar	**caer**	**decir**
rezara (rezase)	cayera (cayese)	dijera (dijese)
rezaras (rezases)	cayeras (cayeses)	dijeras (dijeses)
rezara (rezase)	cayera (cayese)	dijera (dijese)
rezáramos (rezásemos)	cayéramos (cayésemos)	dijéramos (dijésemos)
rezarais (rezaseis)	cayerais (cayeseis)	dijerais (dijeseis)
rezaran (rezasen)	cayeran (cayesen)	dijeran (dijesen)

2. The imperfect subjunctive is used in noun, adjective, and adverbial clauses following the same rules for the present subjunctive except that the main verb of the sentence is in the past. Indicative past tenses in Spanish are: the imperfect, the preterit, the pluperfect, and the conditional perfect.

Me alegraba de que Juan estuviera bien.	I was glad that Juan was well.
Esperábamos que todos vinieran a la fiesta.	We hoped that everyone would come to the party.
Era importante que estudiaras mucho.	It was important for you to study a lot.
Buscaba a alguien que arreglara mi coche.	I was looking for someone to repair my car.
No había nada aquí que yo quisiera.	There was nothing here I wanted.
¿Había un restaurante cerca que sirviese comida mexicana?	Was there a restaurant nearby that served Mexican food?
Jorge estudió para que (a fin de que) sus padres estuvieran orgullosos de él.	Jorge studied so that his parents would be proud of him.
Irían de pesca este fin de semana con tal que no lloviera.	They'd go fishing this weekend provided it didn't rain.

Exercise. Translate the following sentences.

1. Alonso quería que Ana e Isabel hicieran la comida.

2. Era posible que mi padre fuera al centro.

3. Regresaron antes de que sonara la campana para la próxima clase.

4. Salieron sin que los viéramos.

5. Hablé despacio para que ellos me comprendieran.

6. No conocíamos a nadie que pudiera ayudar.

7. ¿Había un coche que satisficiera los requisitos de toda la familia?

8. Teníamos mucha información que ayudaba con el proyecto.

9. El guía pidió que todos guardaran el pasaporte con cuidado.

10. Los niños necesitaban un libro que contuviera toda la información.

D. Sequence of Tenses

In Spanish, there is a general rule regarding the sequence of tenses in the indicative and the subjunctive. If a verb in the main clause is in the "present" category (present, present perfect, future, future perfect, or command), the subjunctive verb is usually found in the present or present perfect subjunctive. On the other hand, if the main verb is in the "past" category (imperfect, pluperfect, preterit, preterit perfect, conditional, or conditional perfect), the subjunctive in the dependent clause is in the imperfect or pluperfect subjunctive. The present perfect and pluperfect forms of the subjunctive are found in Chapter 8.

Exercise. Choose the correct sentence and translate it.

1. a. Pensamos ir tan pronto como ellos digan que sí.
   b. Pensábamos ir tan pronto como ellos digan que sí.

2. a. ¿Conocías a alguien que esté en una cárcel clandestina?
   b. ¿Conocías a alguien que estuviera en una cárcel clandestina?

3. a. Buscaba a alguien que comprenda el problema.
   b. Buscaba a alguien que comprendiera el problema.

4. a. En mi país no hay playas que estuvieran contaminadas.
   b. En mi país no hay playas que estén contaminadas.

5. a. El barbero temía que el capitán mate a los rebeldes.
   b. El barbero temía que el capitán matase a los rebeldes.

6. a. El senador quería que los indígenas acepten el tratado del gobierno.
   b. El senador quería que los indígenas aceptaran el tratado del gobierno.

7. a. Mi profesor exige que yo haga dos análisis económicos para la clase.

   b. Mi profesor exigió que yo haga dos análisis económicos para la clase.

8. a. En caso de que necesites a Iván, estará en su habitación.

   b. En caso de que necesitaras a Iván, estará en su habitación.

9. a. Con tal de que estés aquí a tiempo, saldremos a comer a las seis.

   b. Con tal de que estuvieras aquí a tiempo, saldremos a comer a las seis.

10. a. El gobierno dudaba que el presupuesto fuera suficiente para los gastos.

    b. El gobierno dudaba que el presupuesto sea suficiente para los gastos.

IV. Reading

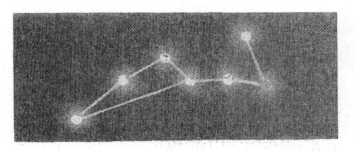

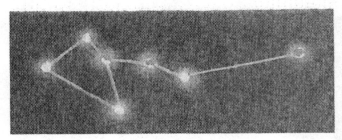

Estrellas

A. Pre-Reading Exercises. As you read the following passage, apply the pre-reading and post-reading strategies of the Preliminary Lesson.

1. What science is the theme of this paragraph?
2. What is the predominant civilization mentioned in the reading?

3. List three astronomical terms.

4. List three constellations mentioned in the reading.

5. Underline two imperfect subjunctive forms.

6. What happened around the year 1000?

7. What does an astrolabe do?

8. What were Al-Battani and Abul Waffa famous for?

9. What Spanish city is mentioned in the text?

10. Translate the title of the article.

Astronomía: Grandes catalogadores de estrellas

La observación del cielo no es la misma en todas partes. La latitud desde la que (*which*) se observa el firmamento es un factor fundamental para la astronomía, que sin duda (*doubt*) es la más antigua de las ciencias humanas. Así lo prueba (*proves*) la existencia de observatorios milenarios como Stonehenge o los zigurats. Los astrónomos árabes que habían atesorado (*amassed*) los saberes (*knowledge*) griegos (*Greek*), persas (*Persian*) y egipcios en esta materia, realizaron sus observaciones a latitudes más bajas (*lower*) y conocieron astros que no eran visibles en regiones más norteñas. Los catálogos de constelaciones se multiplicaron, y el cielo se empedró de (*studded with*) nombres como Albireo, Vega, Aldebarrán, Rigel, Saiph o Altair. Todos ellos tienen significado (*meaning*) en árabe. Altair, por ejemplo, procede de *al-nasr-al-tair*, literalmente «el águila (*eagle*) que sube (*soars*)», y su figura es la de (*that of*) un triángulo abierto, como un águila con las alas desplegadas (*spread*). En cambio (*On the other hand*), Vega, otra constelación con tres estrellas principales pero en ángulo más cerrado, procede de *alnasr-al-waki*, «el águila que baja (*descends*)», porque se entiende que sus alas están plegadas (*folded*).

El interés árabe por el conocimiento del firmamento no es ajeno (*is not unrelated*) a ciertas necesidades de este pueblo, como la de orientarse en el desierto o la de que la plegaria (*prayer*) deba hacerse (*must be directed*) hacia La Meca. Pero sus trabajos astronómicos que a menudo (*often*) no pueden distinguirse de los astrológicos, fueron más allá de (*beyond*) la exploración visual del cielo. Lo analizaron matemática y geométricamente, como queda patente (*is obvious*) en términos astronómicos como cénit, acimut o nadir.

De hecho (*in fact*), en la historia de esta ciencia, los árabes dominan el lapso entre Ptolomeo, que describe el firmamento desde la perspectiva de una Tierra quieta (*still*) y situada en el centro, y Copérnico, quien demuestra (*shows*) que nuestro planeta gira (*rotates*) alrededor del Sol. El seguimiento de (*following*) Ptolomeo los condujo (*led*) a descubrir (*discover*) las imperfecciones y contradicciones de su sistema, que no resultaba (*was*) suficientemente fino (*precise*) para ellos una vez que desarrollaron (*developed*) sus propios (*own*) métodos de observación.

Hacia el año 1000, un extraordinario personaje llamado Al Biruni, que dejó (*left*) escritas obras (*works*) de una erudición sorprendente (*surprising*) sobre temas muy variados y era una autoridad en asuntos (*matters*) indios, publicó en la ciudad de Gazna lo que (*what*) hoy podríamos llamar una enciclopedia de astronomía. En ella propone (*proposes*) que si (*if*) se considerase que la Tierra es la que gira entorno al (*around the*) Sol, podría explicarse con sencillez (*simply*) el movimiento de los demás (*the rest of the*) astros. Eso mismo (*that same theory*) es lo que demostró Copérnico, sólo que cuando Al Biruni lo propuso aún faltaban cinco siglos (*it was five centuries*) para que (*until*) naciese el genial polaco (*Polish genius*).

El estudio y la asimilación de la astronomía desarrollada en la antigua Babilonia y, sobre todo, en la India, permitieron a los árabes realizar importantes descubrimientos sobre temas tan complejos (*complex*) como la precesión de los equinoccios, que tardan (*will take*) milenios en repetirse. Al-Battani o Abul Waffa fueron célebres por sus análisis matemáticos de la mecánica celeste.

Los árabes también perfeccionaron uno de los instrumentos esenciales para el análisis celeste: el astrolabio. Con él se podían medir (*measure*) las alturas (*height*) de los astros sobre el horizonte, y por lo tanto (*therefore*) calcular con bastante (*enough*) precisión sus movimientos. En la Córdoba medieval se fabricaron unos misteriosos artefactos llamados láminas, que al parecer (*apparently*) eran una especie de (*kind of*) superastrolabios con los que se hacían observaciones finísimas (*very exact*). Desgraciadamente (*unfortunately*), ni (*not*) una sola de ellas se ha conservado.

Muy Interesante, noviembre de 2002, no. 258, p. 62.
Courtesy of *Muy Interesante* magazine.

B. Post-Reading Exercises. Respond in English.

1. Who was Al Biruni and why was he important?
2. Why was the study of astronomy important to the Arabs?
3. Explain why latitude is an important variable in the study of astronomy.
4. Name several sources on which the Arabs based their astronomical studies.
5. Give the meaning of **precesión de los equinoccios**, **láminas**, and **acimut** found in the text.
6. What is the difference between the constellations Altair and Vega?
7. What is the difference between Ptolemy and Copernicus regarding the planet Earth?
8. What is the difference between astronomy and astrology?
9. Write a summary of the information in this text. Your summary should be approximately one-third of the original text.
10. Translate the second paragraph beginning **El interés árabe...**

Chapter 8

Compound tenses of the subjunctive, **si** clauses, adjectives, adverbs, and superlatives

I. Reading

A. Pre-Reading Exercises. (Title, skim, and scan, as presented in the Preliminary Lesson.)

1. What is the word for soap opera in Spanish?
2. **Muchacha** means girl. What do you think **muchachita** means?
3. Who are the stars of this soap opera?
4. What hours do they work every day?
5. On what cable channel can you watch the soap opera?
6. What are the characteristics of a soap opera? Does the soap opera in the reading share any of these traits?

> **Jóvenes estrellas (*stars*) nacen con la telenovela (*soap opera*) «Muchachitas»**
>
> **En un camerino (*dressing room*), las protagonistas de «Muchachitas» comentan sobre los problemas de ser estrellas de televisión.**
>
> «Hay un desgaste (*toll*) físico y emocional», dice Cecilia Tijerina.
>
> «Las horas son larguísimas, llegamos a las siete de la mañana para el maquillaje (*makeup*) y frecuentemente trabajamos hasta las nueve o diez de la noche, y a veces filmamos hasta las dos de la mañana», dice Kate del Castillo.
>
> Así hablan las estrellas de «Muchachitas», la telenovela más exitosa (*successful*) de México transmitida en Estados Unidos a través de (*by*) Univisión. «Muchachitas» es parte de un nuevo tipo de telenovela que ha proliferado en México en los últimos (*recent*) años: con valores (*standards*) de producción más altos (*higher*), actores mejor (*better*) preparados, escenografías (*stage settings*), vestuarios (*wardrobes*) más fastuosos (*elaborate*), diálogos más realistas y ligeros (*light*), y una edición más vertiginosa (*fast*) que hace que la telenovela parezca (*seems like*) un videoclip.
>
> La historia trata de (*deals with*) unas jovencitas (*young women*) que se conocen (*meet each other*) en una escuela de artes escénicas donde estudian actuación (*acting*), danza y canto (*singing*). Aunque provienen de (*come from*) diferentes medios (*backgrounds*) socioeconómicos de la Ciudad de México y tienen personalidades muy diferentes, se hacen (*become*) amigas inmediatamente. El argumento (*plot*) gira en torno a (*revolves around*) los enredos (*complications*) románticos, profesionales y familiares de las muchachitas, así como (*as well as*) de quienes las rodean (*surround them*).
>
> Cecilia, la actriz con más experiencia del grupo, ha actuado profesionalmente durante ocho de sus veintiún años. Durante su niñez (*childhood*) vivió tres años en Inglaterra y Estados Unidos, por lo que (*therefore*) su inglés es fluido y sin acento. Su excelente inglés le ha permitido trabajar en películas (*films*) producidas en México por HBO.

Kate es la hija del conocido (*famous*) actor Erik del Castillo. Ha aparecido en numerosos comerciales de televisión en su niñez y adolescencia.

Emma Laura fue descubierta en la calle por un buscador (*scout*) de talentos de Televisa. «Siempre quise ser actriz, pero era un poco frustrante. Hay muy poco teatro en Guadalajara», dice Emma.

En el futuro, todas aspiran a participar en el resurgimiento (*resurgence*) del cine mexicano, que tanto ha cautivado al público en México y festivales internacionales.

Adapted from «Cuatro jóvenes estrellas nacen con la telenovela "Muchachitas"» from *Más*, marzo/abril de 1992. As found in Jarvis et al., *¡Continuemos!*, 6th ed. Copyright © 1999 by Houghton Mifflin Co. Used with permission.

B. Post-Reading Exercises

1. Underline the adjectives in the reading.
2. Often in this reading, the adjectives are preceded by the word **más**. What do you think this means?
3. The absolute superlative ending in Spanish is **-ísimo/a**, which is the *-est* form of the adjective in English. Translate **Las horas son *larguísimas*.**
4. Adverbs in Spanish often, but not always, end in **-mente**. Circle all the adverbs in the reading.
5. What makes the new generation of Mexican soap operas so popular?
6. Translate the paragraph that begins with the word **Cecilia**.

II. Vocabulary

1. **Conocer** and **saber** both mean *to know*, but **conocer** is used to mean *to be acquainted with, know by experience*, whereas **saber** means *to know specific information*.

Conozco bien a Julio.	I know Julio well.
El chófer conoce todas las calles principales.	The driver knows all the main streets.
Sé cuántas escaleras hay en el monumento de Washington.	I know how many steps there are in the Washington monument.
Sabíamos hablar español cuando estudiábamos la lengua.*	We knew how to speak Spanish when we were studying the language.

---

*In Spanish, to know how to do something uses the verb **saber** conjugated according to the subject of the sentence, followed immediately by an infinitive.

2. **Parecer** means *to seem,* **parecerse a** means *to resemble* or *look like,* and **aparecer** means *to appear physically* or *show up.*

Parece que estás enojado.	It seems that you are angry.
Me parezco a mi hermana.	I look like my sister.
El hombre apareció de la nada.	The man appeared from nowhere.

3. Paper has several translations in Spanish. **Papel** refers to paper that you write on. A newspaper is a **periódico** or a **diario,** and a written (research) paper is a **trabajo (escrito).**

Necesito más papel para la impresora.	I need more paper for the printer.
Leemos el periódico todos los días.	We read the newspaper every day.
¿Cuántas páginas tiene tu trabajo?	How many pages does your paper have?

The Spanish word **papel** also means *role* or *part* in an artistic or societal sense.

Elizabeth Taylor hizo (desempeñó) el papel de Cleopatra.	Elizabeth Taylor played the role of Cleopatra.
La diversidad tiene un papel importante en la sociedad de hoy.	Diversity has an important part in today's society.

Exercise. Circle the correct word and then translate the sentence.

1. ¿(Sabe, Conoce) Ud. quién dio la estatua de la Libertad a los Estados Unidos?

2. No (conozco, sé) el arte medieval pero (conozco, sé) que es muy importante.

3. A Elena le (parece, aparece) que Juan y Roberto (se parecen a, aparecen) sí mismos.

4. ¿De dónde (apareció, pareció) esto?

5. Muchas veces los niños (aparecen, se parecen a) sus padres.

6. ¿Cuál es el mejor (papel, periódico) de los Estados Unidos?

7. Usamos el correo electrónico para ahorrar (papel, periódico).

8. ¿Cuál fue el último (papel, periódico) que hizo Antonio Banderas?

9. ¿Cuál fue el tema de su último (papel, trabajo)?

10. ¿Cuándo (sabías, conocías) montar en bicicleta?

III. Grammar

A. Compound Tenses of the Subjunctive

There are two compound tenses of the subjunctive: present perfect and pluperfect. The present perfect subjunctive is formed by the present subjunctive of the verb **haber (haya, hayas, haya, hayamos, hayáis, hayan)** plus the past participle (see Chapter 5).

> **hayas dicho, hayamos hablado, hayan escrito**

The pluperfect subjunctive is formed by the imperfect subjunctive of **haber (hubiera/hubiese, hubieras/hubieses, hubiera/hubiese, hubiéramos/hubiésemos, hubierais/hubieseis, hubieran/hubiesen)** plus the past participle.

> **hubieras/hubieses dicho, hubiéramos/hubiésemos hablado, hubieran/hubiesen escrito**

Normally you use the perfect subjunctive tenses in the dependent clause to express an action that has taken place before the action of the main clause.

Siento que hayas llegado tarde.	I am sorry that you arrived late. (The late arrival happened before being sorry).
Nos alegrábamos de que hubieran pavimentado el camino.	We were glad that they had paved the road.

B. Si Clauses

Spanish sentences with **si** clauses use the imperfect or pluperfect subjunctive when the main verb is in the conditional or conditional perfect. These sentences are considered contrary to fact or they express a condition that is unlikely to take place. The **si** clause can come before the main clause or vice versa, but it is the **si** clause that takes the subjunctive. You will never see the present or present perfect subjunctive after the word **si**.

Si Arnaldo fuera rico, haría un viaje por todo el mundo.	If Arnaldo were rich, he would take a trip around the world.
Si las jóvenes hubieran comido un buen desayuno, no habrían tenido hambre tan temprano.	If the young women had eaten a good breakfast, they would not have been hungry so early.
Susanita iría a bailar si se sintiera mejor.	Susanita would go dancing if she felt better.
Ellos no trabajarían más si ganaran la lotería.*	They would not work any more if they won the lottery.

---

*The imperfect/pluperfect subjunctive may also be used in both clauses.

Another way to express a contrary to fact clause is with **de** plus an infinitive construction.

De dormir bien, Alfredo no tomaría somníferos.	If Alfredo slept well, he would not take sleeping pills.
De haber sacado buenas notas, Mario habría podido asistir a Princeton.	If Mario had gotten good grades, he would have been able to attend Princeton.

Como si, *as if,* always takes the imperfect or pluperfect subjunctive since it states an action that is contrary to fact or hypothetical.

Caminaban como si estuvieran borrachos.	They were walking as if they were drunk.
Elsa sonríe como si me conociera.	Elsa is smiling as if she knew me.

Exercise. Translate the following sentences. Try to express the subjunctive mood in English.

1. Si yo fuera presidente de los EEUU, no aumentaría los impuestos.

2. Pablo no daría exámenes si fuese profesor.

3. Te comportas como si ya lo supieras.

4. ¿Qué haría tu primo si hubiera perdido la billetera?

5. De haber cerrado con llave la puerta, los ladrones no te habrían robado.

6. Si hubiéramos llegado a tiempo, no habríamos perdido el primer acto del drama.

7. Elena gasta dinero como si fuera millonaria.

8. Ramón prepararía una paella si tuviera los ingredientes.

9. De recibir la llamada más temprano, los Rodríguez no harían otros planes.

10. Los estudiantes asistirían a la ópera si entendiesen el italiano.

C. Adjectives

Position

You will remember that adjectives normally follow nouns in Spanish and agree with them in gender and number. However, some common adjectives can come before the noun, although then their meaning will be different. **Un muchacho pobre** means *a poor/needy boy*—that is, one without money. **Un pobre muchacho** means *an unfortunate boy*—that is, one who may be sick or who has lost a parent, and so on.

Adjectives that change meaning according to position include the following.

	BEFORE THE NOUN	AFTER THE NOUN
antiguo	former, ex-	very old, ancient
cierto	certain	sure, definite
diferente	various	different
medio	half	average
mismo	same, very	-self
nuevo	another	brand-new
pobre	poor (unfortunate, pitiful)	penniless, needy
puro	sheer	pure
raro	rare (few)	strange, odd, uncommon
simple	just, mere	simple-minded
único	only, single	unique
viejo	old (long-standing)	old (in years)

Comparison

1. To compare adjectives in Spanish, use **más** or **menos** before the adjective. For example: **más bello** means *more beautiful,* and **menos bello** means *less beautiful.*

2. Some adjectives do not use this formula.

bueno	mejor (*better*)	malo	peor (*worse*)
grande	mayor (*older*)	pequeño	menor (*younger*)

   Más grande means *bigger* and **más pequeño** means *smaller.*

mucho	más (*more*)	poco	menos (*less*)

   Roberto es mi hermano mayor.   Roberto is my older brother.

   Esta casa es más grande.   This house is bigger.

3. Comparisons of equality

   In Spanish, the formulas for comparisons of equality are:

   tan + adjective + **como**   as + adjective + as

Alberto es tan alto como Rolando.	Alberto is as tall as Rolando.
tanto (a, os, as) + noun + como	as many + noun + as
Elena tiene tantas blusas como Beatriz.	Elena has as many blouses as Beatriz.

4. Comparisons of inequality

Juan es más rubio que Susana.	Juan is blonder than Susana.

If a number follows *than,* **que** is replaced by **de.**

Tengo más de treinta discos compactos.	I have more than 30 CDs.

Exercises: Choose the correct translation.

1. **Él es mi antiguo profesor.**
   a. He is my old professor.
   b. He is my former professor.

2. **Comí media porción de carne.**
   a. I ate a half portion of meat.
   b. I ate an average portion of meat.

3. **Sirvieron frutas diferentes.**
   a. They served various fruits.
   b. They served different fruits.

4. **Es una canción rara.**
   a. It is a rare song.
   b. It is a strange song.

5. **David es mi único hijo.**
   a. David is my unique son.
   b. David is my only son.

Translate the following sentences.

1. Raúl es un mejor estudiante que Ricardo.

2. Mi hermano menor es más grande que yo.

3. Este ensayo es peor que el informe que escribiste ayer.

4. Las sillas son más bajas que las mesas.

5. Los pantalones de algodón son menos costosos que los pantalones de seda.

6. Tengo tanto dinero como usted.

7. Elisa es tan inteligente como su marido.

8. Nunca he visto tantas estrellas de cine como aquí.

9. No hay tantos problemas como habíamos pensado.

10. ¿Quién es tan fuerte como Arnold?

D. Adverbs

1. As mentioned earlier in the post-reading exercises, adverbs in Spanish often but not always end in **-mente**. To form an adverb in Spanish that ends in **-mente**, you add **-mente** to the feminine singular form of the adjective. For example, the adverb of **rápido** is **rápidamente**. If the adjective ends in **-e** or a consonant, you just add **-mente**: **interesantemente**, **difícilmente**. If two or more adverbs ending in **-mente** occur in sequence, only the last one has the **-mente** suffix.

El extranjero pronunció las palabras lenta y claramente.	The foreigner pronounced the words slowly and clearly.

2. Often Spanish prefers the construction **con** + an abstract noun to the adverbial form in **-mente**. For example, **con entusiasmo** instead of **entusiásticamente**, **con cuidado** instead of **cuidadosamente**.

3. Sometimes an adjective is used after a verb in Spanish, but it must be translated as an adverb in English.

Corrieron rápidos por la calle.	They ran rapidly through the street.

4. The position of the adverb is not fixed. It usually follows the verb it modifies.

5. Adverbs are compared like adjectives by placing **más** or **menos** before the adverb.

> **Ana habla más seriamente que Susana.**

> **El escribe menos claramente que yo.**

6. There are four adverbs that have irregular comparative forms:

ADVERB	COMPARATIVE FORM
mucho (*a lot, very*)	**más** (*more*)
poco (*little*)	**menos** (*less*)
bien (*well*)	**mejor** (*better*)
mal (*badly*)	**peor** (*worse*)

| Esta máquina funciona mejor que la antigua. | This machine works better than the previous one. |
| Los chicos salieron menos ruidosamente del edificio que los jóvenes. | The kids left the building less nosily than the teenagers. |

7. In constructions of equality, the Spanish structure is: **tan + adverb + como.**

| Los hijos bailaron el tango tan bien como los padres. | The children danced the tango as well as their parents. |

8. **tanto como** is translated as *as much as.*

| Felipe monta a caballo tanto como Carlos. | Felipe rides horses as much as Carlos. |

Exercise. Translate the following sentences, concentrating on the adverbs.

1. Los mejor calzados son los jóvenes.

2. Él lee peor que los otros en la clase.

3. Hay que andar con cautela en esta calle.

4. La niña canta menos alto que el niño.

5. Nuestra secretaria escribe a máquina tan velozmente como si fuera dos personas.

6. Los prisioneros obedecieron silenciosos en vez de protestar.

7. Mis abuelos usan mucho menos azúcar en su café que mi papá.

8. Él no bebe tanto como mis otros amigos.

9. Los gastos mensuales cambian periódicamente.

10. Carlos Montoya toca la guitarra artística y bellamente.

E. Superlatives

Absolute

The absolute superlative does not compare anything but rather describes something or someone as the very best or worst.

| Einstein era sumamente inteligente. | Einstein was superintelligent. |

There is no intentional or implied comparison in this sentence. One could also translate this sentence as, *Einstein was exceedingly intelligent.* The translation should reflect the best and most natural meaning for the context.

The absolute superlative is formed by adding the suffix **-ísimo/a/os/as** to an adjective or **-ísimamente** to an adverb after dropping the final vowel of the adjective or adverb.

Este flan es sabrosísimo.	This flan is simply delicious.
El abogado anda lentísimamente por la calle.	The attorney is walking very slowly down the street.

Relative

The relative superlative indicates that the object in question is the best or worst of all others in its class.

La torre Sears es el edificio más alto de Chicago.	The Sears Tower is the tallest building in Chicago.
Es la mejor universidad de este estado.	It is the best university in this state.

Note: The word **de** in Spanish is translated in English by the preposition *in* in the previous sentences.

Mi prima nada la más rápida de todos mis parientes.	My cousin swims the fastest of all my relatives.

Exercise. Choose the correct translation.

1. **El Rastro es el mercado al aire libre más grande de Madrid.**

   a. The Rastro is the biggest open air market of Madrid.

   b. The Rastro is the biggest open air market in Madrid.

2. **El Zócalo en la Ciudad de México es un lugar popularísimo.**

   a. The Zócalo in Mexico City is a popular place.

   b. The Zócalo in Mexico City is a very popular place.

3. **La química es extremadamente difícil.**

   a. Chemistry is super difficult.

   b. Chemistry is difficult.

4. **El Louvre y el Prado son dos de los museos más famosos del mundo.**

   a. The Louvre and the Prado are two of the famous museums of the world.

   b. The Louvre and the Prado are two of the most famous museums in the world.

5. **Dudo que ellos puedan terminar este proyecto muy rápidamente.**

   a. I doubt that they can finish this project very quickly.

   b. I doubt that they can finish this project quickly.

IV. Reading

Un chocolate rico

A. Pre-Reading Exercises. As you read the following passage, apply the pre-reading and post-reading strategies from the Preliminary Lesson.

1. Search for the imperfect subjunctive forms and translate the sentences in which they appear.
2. What do you know about the origin of chocolate? For instance, where did it come from?
3. What city is named in the text?
4. Where does the anecdote take place?
5. What religious penalty is mentioned in the text?
6. Who are the protagonists of the anecdote?
7. Why does the text mention **conserva** and **almíbar?**

«Nueva relación (account) que contiene los Viajes (travels) de Tomás Gage a la Nueva España»

Las mujeres de esa ciudad (Chiapas) se quejan (*complain*) constantemente de una flaqueza (*weakness*) de estómago tan grande, que no podrían acabar de oír (*finish hearing*) una misa rezada (*low mass*) y mucho menos la misa mayor (*high mass*) y el sermón sin tomar (*drinking*) una jícara (*cup*) de chocolate bien caliente y alguna tacilla (*little cup*) de conserva (*preserves*) o almíbar (*syrup*) para fortalecerse (*to give themselves strength*). Con este fin (*therefore*) acostumbraban sus criadas (*maids*) a llevarles (*bring them*) el chocolate a la iglesia en mitad de (*in the middle of*) la misa o del sermón, lo que nunca se verificaba (*happened*) sin causar confusión y sin interrumpir a los sacerdotes (*priests*) o a los predicadores (*preachers*). El obispo (*bishop*), pues (*then*), queriendo corregir (*correct*) tal (*such*) abuso por los medios de la dulzura (*in a gentle way*) las exhortó (*urged*) varias veces, y aún (*even*) les rogó (*begged*) que se abstuviesen (*abstain*) de semejante (*such*) escándalo, pero como vio que nada servían sus reconvenciones (*reproaches*) amistosas (*friendly*), y que al contrario seguían con el mismo desorden, menospreciando (*scorning*) sus consejos (*advice*) y exhortaciones, mandó fijar (*ordered nailed*) una excomunión a la puerta de la iglesia contra todas las personas que osaran (*dared*) comer o beber en el templo de Dios durante los divinos oficios. La excomunión desagradó (*displeased*) sobremanera (*extremely*) a todas las mujeres, con especialidad a las señoritas que dijeron en voz y en cuello (*at the top of their voices*) que si no las dejaban (*let*) comer y beber en la iglesia, no podrían tampoco ellas seguir yendo (*continue going*). Las principales damas del pueblo que sabían la amistad que el obispo tenía con el prior y conmigo, nos suplicaron con las instancias (*requests*) más eficaces (*strongest*) que hiciéramos cuanto (*all that*) estuviese en nuestra mano (*power*) a fin de que su ilustrísima (*the bishop*) levantase la excomunión. En efecto, tanto el prior como yo probamos (*tried*) de cuantos modos pudimos (*as much as we could*) a vencer (*overcome*) la severidad del prelado y a reducirlo (*bring him*) a la indulgencia (*leniency*), alegando a favor de la costumbre del país la debilidad de las mujeres y de sus estómagos.

Entonces el buen pastor nos respondió que su vida no era de valor (*worth anything*) para él si había de conservarla a costa de la gloria de Dios y del lustre (*splendor*) de su casa, y que cuanto le habíamos dicho, no lo movería a desviarse (*stray*) un ápice (*one iota*) de la senda (*path*) de sus obligaciones.

Entonces las mujeres, como vieron que no mudaría de resolución (*change his mind*), empezaron no solamente a mirarlo con tedio (*annoyance*) sino a burlarse de (*make fun of*) él a cara descubierta (*to his face*), y tomando más chocolate que agua beben los peces (*fish*) en el mar.

Ese exceso fue un día causa de que hubiese un terrible alboroto (*disturbance*) en la iglesia catedral, alboroto en que salieron a relucir (*were drawn*) muchas espadas contra los canónigos (*canons*) y capellanes que quisieron llevar a completa ejecución el mandamiento (*order*) del obispo quitándoles (*taking away*) a las criadas las jícaras en que servían el chocolate a las damas. Por último (*finally*), viendo que no podían ganar (*win over*) a su ilustrísima ni con empeño (*insistence*) ni con escándalo, determinaron abandonar la catedral, de modo que (*so that*) desde entonces (*from then on*) no se veía un alma (*anyone*) en ella y todo el mundo iba a oír misa a las iglesias de los conventos, donde los frailes (*friars*) dejaban que cada cual (*each one*) hiciera lo que se le antojare (*felt like*) y siguiera sus costumbres antiguas.

Ese lance (*episode*) dio origen a la cantaleta (*saying*) que después se oyó por todas partes: Cuidado con el chocolate de Chiapas.

Mariano Cárcer Didier, *Apuntes para la transculturación indoeuropea*
(Mexico, D.F.: UNAM, 1995), pp. 347–349.

B. Post-Reading Exercises. Respond in English.

1. What were the women doing in church besides praying?
2. How did the bishop try to change their behavior?
3. Were the women afraid of the bishop's threat? Explain.
4. How did the women try to change the bishop's mind?
5. How did the women resolve this standoff?
6. Taking into account the text, what does **Cuidado con el chocolate de Chiapas** mean?
7. Translate the paragraph that begins **Ese exceso.**

Review Lesson II

Chapters 5-8

The texts in this lesson are in the field of finance and economics.
Reading and translation tips:

1. You will note that Spanish sentences are often very long in comparison with English sentences because of subordinate and coordinate clauses. Therefore, when translating into English, it is often necessary and indeed recommended to make two or more English sentences of a long Spanish sentence.

2. As we mentioned in the first review lesson, Spanish word order varies. That is especially true in subordinate clauses, where the subject may follow the verb. As you translate into English, you must keep this in mind so that the English sentence reads idiomatically.

3. In economic texts, there are many numbers. In Spanish, often the English decimal point is replaced by the comma and the comma by the decimal point. So the number 1,000,000 in English texts is often seen in Spanish texts as 1.000.000. You must be very careful when translating numbers because a mistranslation can result in a grave error and lack of correct communication. In a professional situation, this type of error could result in a lawsuit.

4. Remember that the Spanish verb often contains the subject pronoun. When you translate these verbs in English, it is necessary to include the pronoun.

5. Be careful about idiomatic expressions. If you have looked up the meaning of a word and the sentence still does not make sense, try looking for an expression with that word in it. Sometimes you may have to look up several different words in the phrase. For example, **darse cuenta de** means *to realize*. You must look up the entire expression under **dar** or under **cuenta**.

Text 1

Un banco

Consejos para evitar los abusos de bancos y cajas de ahorro

«Para abaratar la hipoteca: Evaluar hipotecas y créditos antes de adquirir una vivienda puede abaratar su compra»

1. **¡Ojo con el redondeo!** Antes de contratar su hipoteca, ate bien este importante cabo que puede darle más de un serio disgusto. Algunos bancos y cajas de ahorro redondean un 0,25 por 100 hacia arriba el interés que usted paga. Por ejemplo, si su índice de referencia está en el 5,501 por 100, su banco puede que le cobre el 5,750 por 100. Una sentencia judicial, a instancias de la Asociación de Usuarios Bancarios Ausbanc (www.ausbanc.com/index-principal.htm), ha declarado «abusiva» esta práctica.

2. **Sepa que cuando usted contrata una hipoteca,** la ley no le obliga a suscribir una póliza de seguro, como pone de manifiesto Ausbanc. Sin embargo, casi todos los bancos le venden como si fuera obligatoria una póliza contra incendios y un seguro multirriesgo adicional. Además, casi siempre la compañía de seguros forma parte del grupo.

3. **Antes de elegir un crédito,** recorra varias entidades. Así obtendrá al final mejores condiciones. Pero no olvide pedir al banco una «oferta vinculante» por escrito. La oferta es válida durante unos diez días y el banco no podrá variar sus condiciones hasta firmar la escritura del préstamo.

4. **Fíjese siempre en la TAE** (Tasa Anual Equivalente), que refleja en realidad el interés que usted pagará al final, incluidos gastos y comisiones.

5. **Si usted adquiere una vivienda nueva** y la constructora ha contratado una hipoteca con una determinada entidad, sepa que no tiene obligación de subrogarse a ese crédito, tal y como ha puesto de manifiesto una reciente sentencia judicial.

6. **El banco puede concederle una hipoteca que exceda** del 80 por 100 del valor de tasación de la vivienda, siempre que usted aporte un aval. Pero sepa que a los avalistas les pedirá sus últimas declaraciones de la Renta e incluso una relación de los bienes con los que pueden responder por una cantidad de hasta el triple del dinero prestado.

7. **Empiece ya a preparar su próxima declaración de la Renta.** No olvide que usted podrá desgravarse el 15 por 100 de las cantidades que ingrese en una cuenta vivienda para comprarse una casa. Abrir una cuenta vivienda le servirá también para negociar con su banco un interés mejor para su hipoteca.

8. **Si usted adquiere una vivienda de segunda mano**, haga valer su derecho a cambiarse de entidad si no logra mejorar las condiciones de la hipoteca que ya tenía el vendedor con su banco. En ocasiones, aunque usted pague una comisión por cancelar la hipoteca inicial —alrededor del 1 por ciento— puede salir beneficiado porque pagará menos intereses con el nuevo crédito.

«Para abaratar la hipoteca», *Muy Interesante*, no. 258, noviembre de 2002, p. 76. Reproduced from *Muy Interesante* magazine.

A. Grammar and Vocabulary Exercises

1. Circle all the commands. Are they formal or informal commands?
2. In entry 1, rewrite the numbers in the correct English form.
3. List the terms that have to do with banking and loans.
4. What does **renta** in entry 7 mean?
5. What does **¡ojo!** mean?
6. List the cognates. Remember that not all words that look like English words are true cognates. You should always check the dictionary.
7. What do you think a **cuenta vivienda** is?

B. Content Questions

1. What does entry 2 tell you about insurance policies and mortgages, and what types of policies are mentioned?
2. What good consumer advice is offered in entry 3?
3. What abuses could banks and savings institutions be guilty of according to the text?
4. What possible advantage is there in establishing a **cuenta vivienda**?

C. Translation. Translate entries 2 and 3.

Text 2

De la burbuja inmobiliaria (II)

No pasa un día, en este mundo de Dios, que uno no se sorprenda por algo. Y más si es del recurrente asunto de la burbuja inmobiliaria que, confieso, me tiene obsesionado. Esta semana que se ha ido empezó bien cargada. Unas declaraciones sobre la cuestión de Domingo Solans, miembro del consejo ejecutivo del Banco Central Europeo (BCE), nos ponía a todos a pie de los caballos. «Si se produjera una caída del valor de los activos inmobiliarios en España, sería el anticipo de una recesión. Un riesgo muy elevado», concluía el que en su día fuera uno de los candidatos españoles a la presidencia del organismo monetario europeo.

¿Advertía Solans del riesgo real de que la burbuja inmobiliaria que dicen que vivimos reviente en cualquier momento? No del todo, porque el funcionario europeo se curaba enseguida en salud. «En España nunca se ha producido una situación de caída brusca de precios inmobiliarios», añadía. Pero, ya se sabe, cuando el río suena...

Lo cierto es que la burbuja inmobiliaria cada día parece más próxima a su fin. Si hace unas semanas les contaba el caso de un amigo, primer propietario, que maldecía la posibilidad de que su principal ahorro, su casa, valga menos algún día de lo que costó, ahora no me resisto a describirles lo que le ha sucedido a otro buen compañero que está en el trance de vender su primer piso (para financiar otro mayor).

Resulta que apenas tres días después de ponerlo a la venta a través de una agencia de reconocido prestigio (lleva las siglas de una multinacional británica) recibió de inmediato una oferta que le cubría con creces el precio. «¡Eureka!», pensó mi amigo, esto marcha bien. Días más tarde, sin embargo, cuando se dispuso a formalizar los contratos privados de compromiso, previos al pase por la escritura pública, le informan que existe un pequeño detalle previo. La transacción hay que hacerla en contrato privado y luego, ante notario, se firma un poder para que el adquiriente pueda elevar la venta a escritura pública a nombre de la persona que quiera.

Nada de que alarmarse, le dicen en la agencia. Se trata de una venta aplazada muy habitual y perfectamente legal. Probablemente, lo es, no cabe duda. Pero para los no habituales a este tipo de operaciones, quizá hay que aclarar que se trata del típico inversor/revendedor del mercado inmobiliario. Es decir, una persona que ha sustituido el mercado bursátil por el de los ladrillos. Su negocio consiste en comprar una especie de opción de venta en la que se lleva, en pocos meses, hasta un 20 por ciento o 25 por ciento del valor, aparte de la comisión de agencia (un 5 por ciento) y, además por cada lado. Cuentan los expertos que más de un 40 por ciento del mercado está ahora en manos de los revendedores. ¿Burbuja?

Alberto Valverde, «De la burbuja inmobiliaria (II)», *Cambio 16*, no. 1644, el 9 de junio de 2003, p. 31. Used with permission.

A. Grammar and Vocabulary Exercises

1. Underline the subjunctive.

2. List business/economic terms.

3. What is the end of the expression **cuando el río suena...** and how would you translate that saying into an English equivalent?

4. What do **nos ponía a todos a pie de los caballos, se curaba enseguida en salud, en el trance de,** and **con creces** mean?

5. List ten cognates.

B. Content Questions

1. What sector of the economy is discussed in this text, and what problem is mentioned?
2. What do **revendedores** do?
3. Which is the best place to invest your money—in the bank, in the stock market, or in real estate? Explain.
4. What real estate agency is handling the sale?
5. What authority is quoted in this article?

C. Translation. Translate the last paragraph.

Text 3

Falta más ahorro interno

Desde el estallido de la crisis asiática en 1997, los flujos de capital hacia los mercados emergentes han venido experimentando una notable contracción. Para América Latina, donde históricamente los niveles de ahorro interno han sido bajos —particularmente cuando se comparan con los que registran los países asiáticos— la menor afluencia de recursos provenientes del exterior ha puesto de manifiesto, una vez más, la enorme debilidad estructural que tienen las economías de la región sobre los flujos de financiamiento externo.

En la actualidad, ya nadie pone en duda que uno de los elementos básicos para lograr un crecimiento económico robusto y de largo aliento, es el de apoyar al mercado interno con fuentes de financiamiento suficientes y estables que permitan canalizar recursos de largo plazo hacia los proyectos de inversión. Las experiencias vividas a lo largo de las tres últimas décadas en Latinoamérica han dejado patente que ante la importante brecha que se ha observado entre las necesidades de inversión por un lado, y la baja disponibilidad de ahorro interno, por otro, cuando se ha podido disponer de un mayor crédito externo para financiar la expansión de la demanda interna, ésta ha sido útil para impulsar un crecimiento efímero, acompañado de desequilibrios macroecónomicos que a la postre, han sido insostenibles, particularmente en las cuentas externas. Asímismo, cuando los capitales foráneos se han retraído de la región, la necesidad —temprana o tardía— de llevar a cabo ajustes difíciles y dolorosos, no se ha podido evitar. De hecho, los ciclos de expansión-contracción tan agudos que se han padecido en la región siempre han estado apadrinados por una abundancia o una carencia de financiamiento externo.

Este problema estructural, que afecta a la región en su conjunto, se ha visto agravado en la última década por un continuo deterioro de ahorro interno. Para América Latina en su conjunto, este parámetro pasó de un 20 por ciento como proporción del Producto Interno Bruto en 1994, a un 16 por ciento para 2002. Asímismo, las entradas netas de capital, que alcanzaron niveles superiores al 4 por ciento del PIB en 1993, en la actualidad apenas superan el 1 por ciento como proporción del producto de América Latina; la disminución de estos dos factores ha tenido como consecuencia que los gobiernos de la mayoría de los países de la región, ante la dificultad de obtener acceso a recursos del exterior, tengan que competir en los estrechos mercados locales de capitales, con la iniciativa privada. Lo anterior ha estado provocando un claro efecto de desplazamiento (*crowding out*) del gasto gubernamental sobre la inversión privada.

Si bien el incrementar el ahorro interno de una economía no se logra por decreto, hay políticas y programas que pueden ayudar a que éste aumente en el tiempo. Tanto el fortalecimiento de los fundamentos económicos, como la puesta en marcha de reformas estructurales —por ejemplo la modificación de los sistemas de pensiones, la creación de instituciones que tengan la capacidad y vocación de alentar el ahorro popular, así como la aplicación de políticas públicas que generen certidumbre y permitan potenciar la inversión— son ejemplos de medidas que se requieren para ir rompiendo con el ciclo vicioso de la sobredependencia de América Latina a los vaivenes de financiamiento externo. Sin un esfuerzo agudo para aumentar el nivel de ahorro interno, el potencial de desarrollo de América Latina se verá mermado y continuará siendo esclavo de los caprichos de los capitales externos.

Alejandro Valenzuela, «Falta más ahorro interno»,
Poder, mayo de 2003, p. 68. ® *Poder* magazine. Used with permission.

A. Grammar and Vocabulary Exercises

1. Find the meaning of these expressions and translate the sentences in which they are found: **llevar a cabo, a la postre, en la actualidad, de largo aliento, de largo plazo.**
2. List the cognates in the text.
3. Find synonyms for the word **foráneo.**
4. What is the root word of **gubernamental?**
5. Translate the word **asiáticos.**
6. Circle the adverbs.
7. Underline all progressive tense structures.
8. List the economic terms.

9. Find the word **sobredependencia** and try to determine its meaning from the context of the sentence without looking it up in the dictionary.

10. List several meanings for the word **interno.** Which meaning best fits the context of this article?

B. Content Questions

1. What is the main idea of this text?

2. Why is there a comparison made between Asian and Latin American countries?

3. In general, how do countries support domestic investment?

4. What accounts for the cycles of expansion and contraction in Latin America?

5. Why is private investment more prevalent than government spending in Latin America?

6. What possible solutions to this problem are presented by the author?

C. Translation. Translate the first paragraph of this article.

Chapter 9

Direct and indirect object pronouns, **gustar** and similar verbs, personal **a,** neuter pronoun **lo,** pronouns as objects of prepositions, reflexive pronouns, and reciprocal constructions

I. Reading

Un edificio gubernamental

A. Pre-Reading Exercises. (Title, skim, and scan, as presented in the Preliminary Lesson.)

1. Where and when was the subject of this article born?
2. What is his ethnic background?
3. What books has he written?
4. What does UNAM mean?
5. Underline all the acronyms.
6. What do **subactuar** and **sobreactuar** mean?
7. List the preterit verbs.

José Woldenberg

Presidente del Consejo (*council*) General del Instituto Federal Electoral (IFE) de México

Orígenes

Nació el 8 de septiembre de 1952 en Monterrey, Nuevo León. Sus abuelos llegaron de Polonia y Lituania en los años veinte. Su padre llegó cuando tenía dos años de edad y su familia anduvo por diferentes lugares de la República Mexicana. Desembarcaron (*landed*) en Vera Cruz, vivieron en San Luis y en Monterrey, y en 1961 se mudaron (*moved*) al Distrito Federal. Su madre es originaria de Chihuahua.

Estudios

Asistió al Centro Universitario de Estudios Cinematográficos entre 1972 y 1975, hasta que se dio cuenta de que no tenía talento para hacer películas. Después hizo todos sus estudios en la UNAM (Universidad Nacional Autónoma de México): una licenciatura (*degree*) en sociología, una maestría en estudios latinoamericanos y un doctorado en ciencias políticas y sociales. Desde 1974 enseña en esa misma Universidad.

Principios (*beginnings*)

En la época en que realizaba sus estudios cinematográficos aprendió que para lograr consensos (*achieve a consensus*) —algo que es muy importante para su cargo (*position*) actual— no se debe «subactuar», ni sobreactuar. Su regla de oro (*golden rule*) como funcionario (*civil servant*) es hacer todo aquello para lo cual lo faculta (*authorizes*) la ley, y nada para lo que no lo faculte. Su misión principal es generar confianza (*trust*) entre las distintas agrupaciones políticas del país.

La Política

Su pasión por la política empezó en los años setenta, cuando ayudó a forjar (*form*) el Sindicato (*union*) de Personal Académico de la UNAM. En 1977 pasó cinco días en la cárcel (*prison*) por liderar (*leading*) una huelga (*strike*) en la Universidad. En 1981 fundó el Partido Socialista Unificado de México, PSUM, y en 1987 el Partido Mexicano Socialista. En 1989 participó en la creación del PDR, partido que abandonó en abril de 1991, por discrepancias internas. En 1994 empezó su labor en el IFE, como consejero ciudadano (*civilian advisor*).

Actividades

Además de su función como presidente del Consejo General del IFE, es profesor titular en la Facultad (*school*) de Ciencias Políticas y Sociales de la UNAM y forma parte del Sistema Nacional de Investigadores (*researchers*). Ha sido colaborador (*correspondent*) de diferentes periódicos y ha publicado varios libros, entre los que se destacan (*stand out*) «Memoria de la Izquierda (*left*)», «Violencia Política» y «La construcción de la democracia».

Momentos críticos

Como presidente del Consejo General del IFE le ha tocado estar (*he has been*) al frente de (*at the head of*) la investigación de asuntos (*matters*) cruciales para el normal funcionamiento de la democracia mexicana. De ellos, los más importantes han sido los relacionados con (*related to*) el desvío (*diversion*) de recursos de PEMEX (*national petroleum company of Mexico*) hacia (*to*) la campaña electoral del PRI [*a political party*], y con el uso de recursos (*funds*) externos (*foreign*) para la financiación de la campaña del presidente Fox.

Desafíos (*challenges*)

Como militante de la izquierda, fue actor principal y testigo (*witness*) privilegiado de la transición democrática mexicana. Ahora le toca jugar un papel fundamental, como garante (*guarantor*) de la transparencia política en las elecciones federales para la renovación (*reorganization*) de la cámara (*house*) de diputados (*representatives*) que tendrán lugar (*will take place*) el 6 de julio de este año, en medio de (*in the midst of*) acusaciones de parcialidad por la lentitud (*slowness*) con que avanza el tema (*matter*) de la fundación «Amigos de Fox».

«José Woldenberg», *Poder,* mayo de 2003, pp. 70–71. ® *Poder* magazine. Used with permission.

B. Post-Reading Exercises

1. What are the different aspects of Mr. Woldenberg's life mentioned in the article? In your opinion, which one is most interesting?
2. Explain why Mr. Woldenberg is qualified for the position he holds.
3. What topics does he write on?
4. Why was he in prison?
5. Why did he change his initial career choice? Does he use any of this earlier training in his present career?
6. Translate the last paragraph. You may have to use more English sentences than are used in the original Spanish text.

II. Vocabulary

A. Hacer(se) in Idiomatic Expressions. Hacer(se) is often used in idiomatic expressions (those expressions that cannot be understood word for word), so be sure to look for the whole expression under the entry for **hacer(se)** or under the word that follows this verb. The following are several of the most common expressions with **hacer(se).**

hacer alarde	to boast, brag
hacer algo a medias	to do something poorly, do a half-way job
hacer ascos de	to turn up one's nose at
hacer buen/mal papel	to make a good/poor showing
hacer caso a	to pay attention to
hacer cola	to stand in line, line up
hacer escala	to land, make a stop
hacer falta	to be necessary, have need of, to lack
hacer frente a	to face up to, confront
hacer furor	to make a hit, go over big
hacer hincapié	to insist on, emphasize
hacer juego	to match, go well with
hacer presente	to notify of, remind of
hacer puente	to take a three-day weekend
harcerle daño a uno	to hurt, be harmful to someone
hacer(le) gracia a uno	to strike one as funny
hacerse daño	to get hurt, hurt oneself
hacer(se) (de) la vista gorda*	to pretend not to see, wink at
hacerse el sordo	to turn a deaf ear

B. Echar(se) in Idiomatic Expressions. Just like hacer(se), echar(se) lends itself to many idiomatic expressions, so be sure to check for the full expression before translating a sentence with this verb.

echar de menos	to miss
echar de ver	to notice or to observe
echar indirectas	to make insinuations
echar la culpa a	to blame
echar la llave	to lock the door

---

*Hacerse can often mean *to pretend*.

echar mano de	to resort to
echar todo a rodar	to upset everything, spoil things
echar una mano	to lend a hand, help out
echar una ojeada	to glance at
echar una siesta	to take a nap
echar(se) a perder	to spoil, go to waste

Exercise. Choose the English expression that best translates the underlined words of the Spanish sentence.

A

1. ____ El lo <u>hizo a medias.</u>

2. ____ La comida <u>se echó a perder.</u>

3. ____ Tengo que <u>echar una ojeada</u> al informe.

4. ____ Los estudiantes no <u>hicieron caso.</u>

5. ____ Para el cine, hay que <u>hacer cola.</u>

6. ____ Pocos <u>echan una siesta</u> hoy en día.

7. ____ El niño <u>echó la culpa</u> a su hermana.

8. ____ La chaqueta no <u>hace juego</u> con la falda.

9. ____ El <u>se hizo el sordo</u> y no contestó.

10. ____ El avión <u>hará escala</u> en Atenas.

11. ____ Carlos <u>echa de menos</u> a su esposa.

12. ____ El policía <u>hizo frente</u> al ladrón.

13. ____ Vamos a <u>hacer puente</u> e ir a la playa.

14. ____ Ten cuidado. No <u>te hagas daño.</u>

15. ____ El presidente <u>hace hincapié</u> en la deuda.

B

a. to match

b. to stand in line

c. to emphasize

d. to notice, to observe

e. to do something halfway

f. to make a stop

g. to harm

h. to pay attention

i. to miss

j. to glance at

k. to take a nap

l. to spoil

m. to blame

n. to pretend to be deaf

o. to take a three-day weekend

p. to harm oneself

q. to confront

III. Grammar

A. Direct Object Pronouns. The direct object pronouns in Spanish are:

me (*me*)	nos (*us*)
te (*you*)	os (*you*)
lo, la (*him, her, you*)	los, las (*them, you*)

They precede the conjugated verb or are attached to the infinitive. They come between **no** and the conjugated verb.

No la veo.	I don't see her.
Te ayudará.	She will help you.
No queremos oírlo.	We don't want to hear it.
No lo queremos oír.	We don't want to hear it

In other verbal constructions, the object pronouns (direct, indirect, and reflexive) are attached to the affirmative command and to the present participle.

Ciérrala.	Close it.
Escríbanlo.	Write it.
Estoy leyéndolo.	I am reading it.
Lo estoy leyendo.	I am reading it.

B. Indirect Object Pronouns. The indirect object pronouns in Spanish are:

me (*to me*)	nos (*to us*)
te (*to you*)	os (*to you*)
le (*to him, her, you*)	les (*to them, you*)

Their position is the same as for direct object pronouns.

Le mando una carta.	I am mailing you a letter.
Te doy el libro.	I am giving you the book.

When a sentence has a direct and an indirect object pronoun, the indirect object pronoun comes first. If both pronouns begin with the letter *l*, the indirect object pronoun becomes **se.** Because **le, les,** and **se** can refer to several persons, a prepositional phrase is used to explain these indirect object pronouns.

Te lo envío mañana.	I'll send it to you tomorrow.
Se lo devolví a él ayer.	I returned it to him yesterday.
Se lo diré a ellos más tarde.	I'll tell it to them later.
Se los enseñamos a usted.	We will show them to you.

C. Gustar and Similar Verbs. In Spanish, there are a set of verbs whose English subject becomes the indirect object of the verb. For instance: *I like bananas* is expressed in Spanish as **Me gustan los plátanos.** The reason is that the verb **gustar** really translates as *to be pleasing,* so the sentence means *Bananas are pleasing to me.* There are several verbs in Spanish that have the same structure as **gustar.** The most common are:

apetecer, encantar, faltar, fascinar, importar, interesar

No me interesó eso.	That didn't interest me.
No nos importa en absoluto.	That does not matter a bit to us.
Me apetece un helado.	I feel like an ice cream.
A él le encantará el parque.	He will love the park.
A Guillermo le ha fascinado el ciclismo.	William has been fascinated by cycling.
A ellos les faltan los recursos.	They lack the resources.

Exercises. Translate the following questions into English and then answer them.

1. ¿Por qué te gusta o no el verano?

2. ¿Les importa pagar impuestos a tus padres? ¿Y a ti?

3. ¿Le fascinan las películas extranjeras? ¿Por qué?

4. ¿Cuál o cuáles de los deportes te interesa(n)?

5. ¿Cuántas cosas te faltaron al mudarte a tu primer apartamento?

6. ¿Qué plato mejicano le encanta más?

7. ¿Cuáles de los artistas impresionistas te fascinan?

8. ¿Te interesará visitar Buenos Aires?

9. ¿Te gustarían los suéteres amarillos o los azules?

10. ¿Te han encantado los programas de televisión anoche?

Choose the correct translation of the following sentences.

1. **Roberto me lo está explicando.**

    a. Roberto is explaining me to you.

    b. Roberto is explaining it to me.

2. **La oficina nos lo mandó ayer.**

    a. The office sent it to us yesterday.

    b. The office sent us to it yesterday.

3. **El taxista ya se lo ha llevado.**

    a. The taxi driver has already brought you to it.

    b. The taxi driver has already brought it to you.

4. **Mi padre me los va a entregar.**

    a. My father is going to deliver me to them.

    b. My father is going to deliver them to me.

5. **El abogado nos los pedirá.**

    a. The lawyer will ask us for them.

    b. The lawyer will ask them for us.

6. **El decorador nos los describió.**

    a. The decorator described us to them.

    b. The decorator described them to us.

D. Personal a

If the direct object of the verb is a noun indicating a person and sometimes a beloved animal, Spanish includes the letter **a** before the noun. This is a nontranslatable element of the Spanish sentence. The pronouns **alguno, alguien, ninguno,** and **nadie** also have this marker when they are the direct objects of the verb.

Conozco al señor Guzmán.	I know Mr. Guzman.
Visitamos a nuestros abuelos los sábados.	We visit our grandparents on Saturdays.
No veo a nadie en la calle.	I don't see anyone in the street.
Oigo a alguien a la puerta.	I hear someone at the door.

E. Neuter Pronoun lo

With the verbs **creer, decir, estar, parecer, preguntar, saber,** and **ser,** the neuter pronoun **lo** is used to refer to a previously stated idea. In English, no pronoun is used in this context, but **lo** is often translated as *so*. This **lo** shows no agreement in gender or number.

¿Son ustedes norteamericanos?	Are you North Americans?
Sí, lo somos.	Yes, we are.
¿Crees que llueve mañana?	Do you think it will rain tomorrow?
No, no lo creo.	No, I don't think so.
¿Sabía Ricardo que Carmen estaba en España?	Did Ricardo know that Carmen was in Spain.
No, no lo sabía.	No, he did not know.

F. Pronouns as Objects of Prepositions

The pronoun objects of prepositions are:

mí (*me*)	nosotros (us)
ti (*you*)	vosotros (you)
él, ella, usted (*him, her, you*)	ellas, ellos, ustedes (them, you)

You will note that these pronouns are identical to the subject pronouns except for **mí** and **ti.** After the preposition **con,** the forms for these two pronouns are **conmigo** and **contigo.** After the prepositions **entre, excepto, salvo,** and **según, yo** and **tú** and not **mí** and **ti** are used.

G. Reflexive Pronouns

The reflexive pronouns are:

me	nos
te	os
se	se

Reflexive pronouns are used with reflexive verbs and indicate that the action of the verb is reflected back on the subject of the sentence. Some Spanish verbs, such as **acordarse,** are always reflexive.

Me acuerdo de ti.	I remember you.

Other verbs have both a reflexive and nonreflexive form, depending on who is receiving the action of the verb.

Me lavo las manos.	I wash my hands.

In this sentence the subject *I* is doing the action to him- or herself.

Lavo el coche.	I wash the car.

Here the car receives the action of the verb and therefore there is no reflexive pronoun.

H. Reciprocal Constructions

The plural forms of the reflexive pronouns can also have a reciprocal meaning.

Las niñas se hablan todos los días.	The girls talk to each other every day.
Nos vimos en el parque.	We saw each other in the park.

Exercise. Translate the following sentences, paying special attention to the pronouns and the personal **a.**

1. ¿Es interesante? Sí, lo parece.

2. José no quiere a Rosita.

3. Nos conversamos cada otra semana.

4. Este regalo es para ti.

5. No reconozco a nadie en la fiesta.

6. ¿Están bien ellos? Sí, lo están.

7. ¿Puedes venir al dentista conmigo?

8. Busco a alguien que pueda arreglar mi televisor.

9. Nos acostamos a las nueve.

10. El hombre y la mujer se sonríen.

11. Me comí todo el chocolate.

12. ¿Dijiste que tenías que trabajar este fin de semana? Sí, lo dije.

13. Nos preocupamos por ellos.

14. Las amigas se besan al verse.

15. Extrañamos mucho a Pancho, nuestro gato.

IV. Reading

A. Pre-Reading Exercises. As you read the following passage, apply the pre-reading and post-reading strategies from the Preliminary Lesson.

1. What are the two political parties mentioned in this interview?
2. What is the reference to the American Old West?
3. Underline the terms that have to do with crime and punishment.
4. Review the sentence **Las cosas las tenemos que situar en su justo término.** What does the second **las** refer to, and what part of speech is it?

Ignacio Gil Lázaro

Diputado (*representative*) del PP (Partido Popular) y portavoz (*spokesperson*) de la Comisión de Justicia e Interior

«Donde no hay seguridad (*security*) el ciudadano (*citizen*) no es libre.»

Parece que el presidente Aznar ha ordenado endurecer (*stiffened*) las medidas (*measures*) contra la inseguridad y el denominado (*so-called*) pequeño delito (*petty crime*). ¿Estamos ante una novedad (*something new*) o es algo que ya recogía (*picked up on*) el programa electoral del PP?

Responden a la filosofía del programa electoral cuya (*whose*) base es lo que (*what*) nosotros denominamos una nueva cultura de la seguridad que contempla el valor (*value*) de la seguridad como un factor del bienestar (*well-being*) social. Esto lo desarollamos (*develop*) a su vez (*in turn*) sobre dos conceptos: el plan operativo, técnico, puramente policial en la suma de esfuerzos para el mejor aprovechamiento (*use*) de todos los recursos (*resources*) disponibles (*available*) en el ámbito (*area*) de la seguridad y en el plano (*level*) legislativo. En este último (*latter*) hablábamos de una evolución dinámica del ordenamiento (*ordinance*) jurídico que permitiera ir acomodándolo a las nuevas expresiones delictivas (*forms of crime*) que pudieran ir surgiendo (*arise*).

¿Es necesario un endurecimiento de las penas (*penalties*)?

Lo que se ha hecho es acomodar la sanción penal al delito, sobre todo (*especially*) pensando en la habitualidad (*repetition*) y en la reincidencia (*recidivism*) con la que algunos practican (*commit*) determinados tipos de delitos amparándose (*protecting*) precisamente en que (*by the fact that*), por una parte, el aparato judicial era lento (*slow*) en la aplicación de las sanciones, y, por otra parte, la sanción que contemplaba nuestro ordenamiento jurídico era insignificante e incluso (*even*) a veces prácticamente inexistente. Pero también se pretende (*is intended*) algo mucho más importante, que tenga un efecto disuasorio (*deterrent*).

Hace unos años, desde el Gobierno se aseguraba que la delincuencia no era un problema grave en España y ahora se ha pasado (*has gone to*) al otro extremo, ¿qué ha pasado?

No, no. Las cosas las tenemos que situar en su justo (*proper*) término (*place*). Hay un discurso catastrofista y alarmista por parte de la oposición que trata de presentar esto como si fuera «Dodge, ciudad sin ley» y los datos objetivos dicen por una parte que España en este momento ocupa el décimo lugar de los países del conjunto (*group*) de los países europeos en tasa (*rate*) de criminalidad, y, por otra parte, España se sitúa en segundo lugar en el último año en lo que afecta a la eficacia (*effectiveness*) policial. La situación de la seguridad en España es una situación razonablemente aceptable, otra cosa es que, efectivamente (*really*), el Gobierno y el Partido Popular no se den (*are not*) por satisfechos (*satisfied*) con estos datos.

¿Estamos ante el dilema: seguridad no es igual a libertad?

Ése es un discurso (*argument*) absolutamente vacío (*empty*). Cuando, por una parte, todas las políticas de seguridad de este Gobierno se conciben sobre ese concepto de seguridad entendida como factor de bienestar social, es obvio que ese factor hace que seguridad sea igual a libertad. Nosotros no estamos en esa vieja binomia (*two-sided dichotomy*) histórica de seguridad o libertad, porque creemos que ése es un discurso afortunadamente superado (*superceded*) por la realidad de nuestra sociedad y de nuestra cultura democrática. Donde no hay seguridad el ciudadano no es libre para ejercer (*exercise*) sus derechos (*rights*). Si la alternativa del PSOE (Partido Socialista Obrero Español) es la que durante catorce años se vivió (*experienced*) en este país, que fue la de la descapitalización del aparato público de la seguridad y, en el terreno (*area*) de la libertad, la Ley Corcuera y otros muchos de los lamentables capítulos vividos [en] este país, [entonces] el problema del PSOE es que carece de (*lacks*) discurso de presente y de alternativa de futuro.

¿Y el PP está con la máxima (*maxim*): odia el delito y compadece (*be compassionate*) al delincuente?

Absolutamente, y prueba (*proof*) de ello es lo que se ha hecho en estos seis años: mejora de las infraestructuras y de las políticas de reinserción (*reintegration*), de reeducación y de resocialización. Por ejemplo, en nuestro país, no existía hasta hace seis años un programa de reeducación y de terapia de los condenados (*those guilty*) por delitos contra la libertad sexual y hoy en día ya existe.

En el ámbito jurídico se acusa al Gobierno de que la retroactividad de la ley podría ser una medida inconstitucional.

Yo lo que digo es que afortunadamente este país dispone de todos los mecanismos para garantizar la constitucionalidad de cualquier norma y este proyecto, como no puede ser de otra manera, seguirá todos esos pasos (*steps*).

¿No temen molestar con tanta presión (*pressure*) sobre los jueces (*judges*) al poder judicial?

No. Los gobernantes están al servicio de la sociedad, los jueces están al servicio de la sociedad y las leyes están al servicio de la sociedad. Las leyes tienen sentido en la medida (*to the degree*) en que son éticamente aceptables y prácticamente útiles. Un ordenamiento jurídico no es un tótem o un ídolo al que adorar. El ordenamiento jurídico está para regular la convivencia (*coexistence*) y tiene que evolucionar con la realidad social.

Cambio 16, el 27 de enero de 2003, p. 18. Reprinted with permission.

B. Post-Reading Exercises. Respond in English.

1. What happens when a government becomes too strict with criminal sanctions, according to Ignacio Gil Lázaro?

2. What criticism does Mr. Gil Lázaro level at the PSOE?

3. What is the maxim of the PP? How is it manifested in its program?

4. Since 9/11, does the United States have a similar legal or social dilemma as presented in this article? Explain.

5. Translate the last question and the answer in the interview. What style of discourse is this typical of?

Chapter 10

True passive voice, passive construction with **se, se** in accidental happenings, **estar** plus past participle, and **hace** in time expressions

I. Reading

A. Pre-Reading Exercises. (Title, skim, and scan, as presented in the Preliminary Lesson.)

1. What country does the text refer to?
2. What is the definition of **serdab**?
3. Who is Imhotep?
4. How do you translate **ca. 2650 a. de C.**?
5. Convert the Spanish numbers to the American form.
6. Underline all the past participles.

La escalera (*stairway*) hacia el cielo (*heaven*)

Al sur (*south*) de El Cairo se encuentra (*is found*), entre Abusir y Dashur, la región de Sakkara. Con 8 kilómetros cuadrados (*square*), este lugar (*place*), dedicado desde antiguo al dios de los muertos (*dead*) de Menfis, Sokaris —de ahí (*hence*) el nombre de Sakkara— alberga (*houses*) cientos (*hundreds*) de tumbas y construcciones de todos los períodos de la historia de Egipto, si bien (*although*), entre todos ellos, destaca (*stands out*) especialmente el complejo (*complex*) funerario del faraón (*pharaoh*) Zoser (ca. 2650 a. de C.).

«Una sucinta mención en la base de una estatua de este rey —comenta M. [Monsleur] (*Mr.*) Lauer— descubierta (*discovered*) por Cecil M. Firth en la columnata (*colonnade*) de entrada (*entry*) al recinto (*area*), desveló (*revealed*) el misterio que rodeaba (*surrounded*) al nombre del genio que realizó aquella obra de arquitectura, Imhotep. Sus títulos no dejaban (*left*) dudas de la importancia de este personaje.» Estos fueron: Visir (*vizier*) del faraón, Príncipe Heredero (*heir*), Gran Sacerdote (*high priest*) de Heliópolis, Maestro (*master*) de Obras (*works*), Maestro escultor, Patrón de los escribas (*scribes*), Hijo de Ptah, Astrónomo, Médico y, como hemos dicho, Inspector de todo lo que el Cielo trae (*holds*).

Manetón de Sebenito, en su *Historia de Egipto,* ya cantaba la gloria de este arquitecto por haber sido (*having been*) el primero en emplear la piedra (*stone*) como material de construcción en un edificio (*building*).

El recinto de Zoser está rodeado por un grueso (*thick*) muro (*wall*) de casi 10 metros de altura y 1.500 de perímetro, decorado como la fachada de un palacio egipcio. Por encima de este muro se levanta (*is raised*) la pirámide escalonada (*stairway*) de este rey. «En un principio no fue más que (*only*) una simple mastaba (*tomb*), las tumbas primitivas de los egipcios —nos comenta M. Lauer señalando (*pointing to*) un gigantesco plano— pero al quedar (*being*) este edificio oculto (*hidden*) por el muro exterior, Imhotep tuvo la genial idea de construir cinco pisos de piedra más, consiguiendo (*making*) así una pirámide de seis pisos de tipo escalonado, visible desde kilómetros de distancia.» El lado (*side*) de la pirámide mide (*measures*) 123,30 metros por 107,40 y tiene una altura de 59,93 metros.

Según (*according to*) el propio (*himself*) arquitecto francés, casi sin quererlo, «Imhotep acababa de (*had just*) construir una gigantesca escalera que facilitaba el ascenso del faraón hacia las estrellas del cielo». Precisamente, de este lugar es de donde la mística (*misticism*) egipcia de los *Textos de las pirámides*, decía que provenía (*was*) el origen de su cultura. Para completar su fantástica creación, Imhotep orientó (*positioned*) la pirámide de norte a sur con inexplicable precisión. Además (*in addition*), el serdab, una sala que estaba destinada a albergar la estatua del difunto (*deceased*) fue construido con una inclinación de 16 grados, orientándola así hacia las estrellas circunpolares, de especial importancia en la religión egipcia, al no ponerse (*setting*) nunca en el horizonte y ser consideradas eternas.

Jean Philippe Lauer, «Un siglo preguntando a Imhotep»,
Enigmas del hombre y del universo, Año 7, no. 11, p. 43.

B. Post-Reading Exercises

1. Why is this article titled **La escalera hacia el cielo?**
2. In addition to being an architect, what else was Imhotep?
3. What was unique about his constructions?
4. Describe the **recinto** of Pharaoh Zoser.
5. Translate the last paragraph of the reading.

II. Vocabulary

Dar(se) in Idiomatic Expressions

dar a	to face
dar a conocer	to make known
dar a entender	to make known
dar a luz	to give birth (to)
dar algo por sentado	to take something for granted, assume
dar ánimo	to cheer up
dar con	to find
dar cuenta de	to account for
dar cuerda a	to wind (a watch, a clock, a toy)

dar de baja	to drop (a class), dismiss, discharge
dar el pésame por	to extend sympathy or condolences
dar en	to hit
dar en el clavo	to hit the mark, hit the nail on the head
dar gato por liebre	to cheat, deceive
dar la lata	to annoy, bother
dar la vuelta	to turn, rotate something
dar parte	to inform, notify
darse cuenta de	to realize
darse prisa	to hurry

Exercise. Choose the English expression that best translates the underlined words of the Spanish sentence.

A	**B**
1. ____ <u>Date prisa</u>, el banco cierra en 5 minutos	a. To cheer up
	b. To hit the nail on the head
2. ____ Finalmente <u>di con</u> la llave.	c. To discharge
3. ____ Para llegar a la catedral, <u>dé la vuelta</u> aquí.	d. To realize
	e. To hurry
4. ____ Mi sobrina <u>dio a luz</u> ayer.	f. To find
5. ____ El médico <u>dio de baja</u> al paciente.	g. To account for
6. ____ El apartamento <u>da al</u> Parque Central.	h. To give birth
	i. To face
7. ____ Le <u>damos parte</u> de la boda de Isabel.	j. To take for granted
8. ____ No <u>te darás cuenta</u> hasta más tarde.	k. To turn
	l. To inform
9. ____ No debemos <u>dar por sentada</u> nuestra libertad.	
10. ____ ¡Eureka! Acabo de <u>dar en el clavo</u>.	

III. Grammar

A. True Passive Voice

The true passive voice in Spanish is easy to recognize since it is made up of the same parts as the English passive voice—that is, a form of the verb **ser**, a past participle, and **por** to introduce the agent.

Don Quijote fue escrito por Cervantes.

Don Quijote was written by Cervantes.

1. The passive voice is found in most verb tenses and in the indicative and subjunctive moods of the verb.

2. In Spanish, the past participle functions as an adjective and agrees with the number and gender of the subject.

   La puerta será abierta por el conserje.

   The door will be opened by the concierge.

3. In the Spanish translation of the English sentence "The cookies were given to me by the children," the only form acceptable in Spanish is an active sentence: **Los niños me dieron las galletas.** The Spanish passive voice does not allow an indirect object construction.

4. The true passive voice is used much less often in Spanish than in English.

Exercise. Choose the correct translation.

1. **Las momias fueron enterradas por los egipcios.**

   a. The mummies will be buried by the Egyptians.
   b. The mummies were buried by the Egyptians.

2. **Dudo que el congreso sea convocado por el presidente.**

   a. I doubt that the congress will be convened by the president.
   b. I doubt that the congress has been convened by the president.

3. **Las cartas serán firmadas por el jefe.**

   a. The letters may be signed by the boss.
   b. The letters will be signed by the boss.

4. **El programa ha sido cambiado por el comité universitario.**

   a. The program has been changed by the university committee.
   b. The university committee will change the program.

5. **Estos edificios son construidos por una compañía internacional.**

   a. These buildings were constructed by an international company.
   b. These buildings are constructed by an international company.

B. Passive Construction with se

Very often, when no agent is given, the Spanish passive voice takes the form of **se** plus the third person singular or plural of the verb, depending on if the subject of the sentence is a thing or things.

Aquí se venden libros.	Books are sold here.
Esas flores se cultivan todos los años.	Those flowers are grown every year.

When the subject of the verb is a definite person or persons, the verb is always found in the singular form.

Se vio a los señores Pereira en la corrida de toros.	The Pereiras were seen at the bullfight.

Exercise. Translate the following sentences.

1. Se honró a Pepe y a Roberto ayer.

2. Se hablan francés y alemán en esta tienda.

3. Se distribuirán las comidas entre los pobres.

4. Se han plantado legumbres en el jardín de la comunidad.

5. Tengo miedo de que se hayan cerrado las tiendas ya.

C. Se in Accidental Happenings

In Spanish, reporting accidents has a special construction. The object lost, stolen, broken, forgotten, and so on becomes the subject of the verb, and the person involved is expressed as the indirect object of the verb.

Se me rompieron las gafas.	I broke my glasses.

Exercise. Translate the following sentences.

1. A Javier se le acabó la gasolina.

2. Se nos olvidaron las llaves en casa.

3. Al niño se le ensucian los zapatos de lodo.

4. Se me cayó el vaso de Coca-cola.

5. Se te perdió el paraguas en el bus.

D. Estar Plus the Past Participle

In Spanish, the verb **estar** is used with the past participle to indicate the resultant state of an action. For instance: **La puerta está cerrada.** (*The door is closed.*)

relates the result of the action of someone having closed the door. Note that the past participle agrees in gender and number with the subject of the sentence.

Exercise. What is wrong with the form of the past participle in these sentences? Translate the sentences.

1. Las luces están encendido.

2. El coche está estacionados delante de la casa.

3. Mi computadora está roto.

4. El aire está contaminada.

5. Los libros están perdida.

E. Hace in Time Expressions

1. To express the English sentence "I have been reading for two hours" Spanish uses **Hace dos horas que leo** (or **estoy leyendo**). The same sentence can be expressed by **Leo** (or **Estoy leyendo**) **desde hace dos horas**. (**Llevo dos horas leyendo** is also an acceptable way to express this sentence).

2. To express "I had been reading for two hours" Spanish uses **Hacía dos horas que leía** (or **estaba leyendo**). The same sentence can be expressed by **Leía** (or **Estaba leyendo**) **desde hacía dos horas**. (**Llevaba dos horas leyendo** is also an acceptable way to express this sentence).

3. To express an action that has occurred some time ago, the construction is **Hace tres años que viajé a Europa.** (*I traveled to Europe three years ago.*) You can also say **Viajé a Europa hace tres años.**

Note that you do not translate **hace** or **hacía** as *to make* or *do* in any of these constructions.

Exercise. Translate the following sentences.

1. ¿Cuántos años hace que estudias español?

2. José llevaba mucho tiempo preparando este proyecto.

3. La Guerra Civil Española terminó hace más de 50 años.

4. Mi hermano me está visitando desde hace dos semanas.

5. Hace dos días que tuve un accidente de coche.

6. Comíamos comida tailandesa desde hacía cinco años cuando un nuevo restaurante abrió.

7. Los estudiantes llevan tres horas hablando español sin parar.

8. Hacía dos horas que Roberto dormía cuando sonó el teléfono.

IV. Reading

El calendario azteca

A. Pre-Reading Exercises. As you read the following passage, apply the pre-reading and post-reading strategies from the Preliminary Lesson.

1. What is **Universum?**
2. What is the name of the exhibit that has recently been presented there?
3. Name two Mexican cities found in the text.
4. Underline all passive constructions with **se**. Be sure not to confuse them with reflexive verbs.
5. How old is **Universum?**

El calendario azteca

Universum no es un museo de antropología e historia. No tenemos piezas (*pieces*) originales de nuestro pasado ni vitrinas (*display cases*) con cerámicas y reproducciones de tumbas. Sin embargo (*however*), al ser (*being*) la arqueología una ciencia más, sí (*indeed*) hemos incursionado (*entered*) en sus temas y recientemente presentamos la exposición «En busca de (*in search of*) Teotihuacán», en la que se muestran (*are shown*) los métodos que usa el arqueólogo para estudiar el pasado. En el exterior del museo contamos además con (*have*) una senda (*path*) arqueológica, la cual conduce (*leads*) a un sitio donde los asistentes (*attendees*) a los talleres (*workshops*) que ahí se ofrecen y los niños del curso de verano se adentran en (*study*) el oficio (*work*) del arqueólogo. Al excavar encuentran restos (*remains*) correspondientes a la zona de Cuicuilco, pues se han «sembrado» (*sown*) los restos con toda precisión histórica.

Pero éstas son otras historias (*stories*). Lo que queremos contar aquí no tiene que ver con (*has nothing to do with*) la gran ciudad de Teotihuacán, ni con la zona arqueológica de Cuicuilco, sino con el calendario azteca, obra fantástica, más moderna que las otras dos.

El guión (*plan*) para construir la sala de Energía del museo *Universum* contemplaba la presencia de un vitral (*stained glass window*) en la zona de la sala que habla de calor (*heat*) y luz (*light*). La idea era transmitir esa sensación de iluminación y calidez (*warmth*) que da la luz solar cuando nos llega a través de (*through*) un cristal (*glass*) de colores. Esto me consta (*I feel certain of this*) porque fui responsable del proyecto original. Cuando inauguramos el museo hace 10 años, pusimos temporalmente una fotografía del Cosmovitral que se encuentra en Toluca. Años más tarde, se cambió (*was changed*) esa foto por un vitral real realizado en un taller, cuyo tema es una versión estilizada y a todo color del calendario azteca. Cuando se estaba construyendo la senda arqueológica uno de los albañiles (*masons*) se acercó a (*approached*) Julieta Fierro, titular (*head*) de la Dirección General de Divulgación de la Ciencia, y le preguntó si podía entrar a ver el calendario azteca al museo. Julieta trató de explicarle que debía acudir (*go*) al Museo de Antropología. Pero él insistió: «Este es un gran museo y aquí hay una zona arqueológica, deben tener el calendario azteca».

Ante su persistencia, Julieta decidió llevarlo a la sala de Energía. Ahí, frente al vitral, el visitante guardó un respetuoso silencio y quedó maravillado frente a la luz colorida que sale de él. Julieta, divulgadora (*disseminator*) de corazón (*willing*), aprovechó (*made use of the occasion*) para que conociera la sala y le obsequió (*gave*) un libro sobre el calendario, para completar la información. Me parece que en el fondo (*deep down*) se quedó preocupada (*worried*) de que cuando nuestro arqueólogo aficionado (*amateur*) vea el calendario azteca de verdad (*real*), la pieza majestuosa que se encuentra en el Museo de Antropología, le parezca menos bonito y luminoso que el que tenemos en el segundo piso de *Universum*.

Esta historia ratifica la opinión cada vez más (*more and more*) generalizada de que los museos de ciencia también deben estar insertos en el contexto cultural y que atravésdel arte y las referencias étnicas los visitantes pueden acercarse a la ciencia universal.

Julia Tagüeña, «El calendario azteca», *¿Cómo ves?*, Año 5, no. 55, 2003, p. 33.

B. Post-Reading Exercises. Respond in English.

1. Who is Julieta Fierro?
2. What did a mason ask to see, and why did Ms. Fierro hesitate to fulfill his request?
3. What is the difference between the two Aztec calendars mentioned in the text?
4. Should science museums only deal with science? Explain.
5. Describe the Energy room in *Universum*.
6. Translate the paragraph beginning **Ante su persistencia...**

Chapter 11

Possessive adjectives and pronouns, demonstrative adjectives and pronouns, and relatives

I. Reading

A. Pre-Reading Exercises. (Title, skim, and scan, as presented in the Preliminary Lesson.)

1. Who is the chef of Cacao?
2. From which countries does the restaurant serve dishes?
3. Where is the restaurant?
4. How is the service in the restaurant?
5. Underline the **estar** plus past participle construction and translate it.
6. How many investors are involved in this project?

Con aroma de Cacao

Respetando los sabores (*flavors*) de la región, el restaurante venezolano Cacao se convirtió en (*became*) una atracción culinaria en Coral Gables.

Para los venezolanos que viven en el sur de la Florida, Cacao tiene un aire familiar: Edgar Leal, el chef que montó (*established*) el nuevo local (*venue*), es muy reconocido en su país; y también lo es el arquitecto Andrés Alibrandi, cuyo (*whose*) nombre está ligado (*tied*) a la mayoría (*most*) de los sitios que hicieron famoso al Grupo ARA en Venezuela. Para los demás (*the rest*), es un placer encontrar en Miami un lugar especializado en comida (*cuisine*) latinoamericana, fiel (*faithful*) a sus raíces (*roots*), pero a la vez (*at the same time*) muy sofisticado.

Cacao, según Leal, es un restaurante que respeta los sabores del continente —sus platos recorren (*go from*) las Guayanas, van hasta el Perú y terminan en Venezuela— pero juega (*plays*) con las texturas y las presentaciones. «La comida no es como la obra de arte de un pintor», dice. «Uno no puede jugar con los sabores. Uno puede quitar (*take away*) la mirada (*gaze*) a una mala obra, pero una vez que uno se come algo no hay forma de volver atrás.»

Los platos van desde tamales negros de camarones (*shrimp*), yuca rellena (*stuffed*) con mariscos (*shellfish*), una variante de la reina pepiada (*chicken and avocado salad [a classic Venezuelan dish]*), hasta un espumoso (*foamy*) pozole (*a soup and stew combination*) con confit de cerdo (*pork*) o un salmón en salsa de mango y rocoto (*large chili pepper*). Y los postres incluyen torres crujientes (*white chocolate domes*), hechas de *mousse* de chocolate caoba, perlas y rubíes de icoa (*white chocolate*) y conos de *mousse* de coco (*coconut*).

El local, en pleno corazón (*right in the midst*) de Coral Gables, tiene una gran harmonía —música suave y luces tenues— y un ambiente que permite disfrutar de (*enjoy*) una cena en la mayor tranquilidad. Y el servicio es impecable. Leal contrató con un equipo (*team*) profesional que tiene la ventaja de estar conformado por (*made up of*) amigos de muchos años que se la han jugado por (*taken a chance on*) este ambicioso proyecto.

Como cualquier local en Miami, Cacao recibe clientes de todo tipo. Pero dada la reputación de Leal entre los venezolanos y el grupo de inversionistas (*investors*) que hacen parte del proyecto, regularmente recibe a la crème de la crème de su país. Los inversionistas son diecisiete e incluyen profesionales de algunas de las empresas (*businesses*) más importantes de Venezuela: Polar, Ron Santa Teresa y Azúcar Cristal, entre otras.

Fueron tantas las personas que colaboraron con Leal en la materialización de su sueño, que además de haberse posicionado en corto tiempo como una gran opción gastronómica cada una de las piezas (*pieces*) que componen el rompecabezas (*puzzle*) de Cacao tiene una historia curiosa que al chef le gusta contar.

La base de la pastelería (*pastry*), por ejemplo, son los chocolates El Rey, por ser de un amigo suyo (*of his*) que invirtió en el restaurante. La cava (*cellar*) de vinos, con más de 160 variedades, fue diseñada por un compañero de cuarto en la universidad que ahora trabaja con él. El plan de negocios, la pintura en las paredes, los cuadros (*paintings*) de las diferentes salas, son todas obras de amigos.

Cacao, en resumen, es como una buena obra impresionista, donde uno no ve las pinceladas (*brush strokes*), sino la imagen total. De cualquier manera, para tener una experiencia completa, vale la pena (*it is worthwhile*) conocer la historia y, claro (*of course*), al chef.

«Con aroma de Cacao», *Poder,* mayo de 2003, p. 72.
® *Poder* magazine. Used with permission.

B. Post-Reading Exercises

1. Indicate how friends and acquaintances are involved in the restaurant.
2. Who are the clientele for this restaurant?
3. What companies invested in the project?
4. What is the ambience of this restaurant?
5. Would a wine connoisseur be satisfied here? Explain.
6. Translate the third paragraph from the end of the article.

II. Vocabulary

The accent mark in Spanish often determines the meaning of a word. For instance, **te** is the direct/indirect/reflexive object pronoun and **té** is the tea you drink. There are several pairs of words like this.

aquel	that	**aquél**	that one
aun	even	**aún**	still, yet
de	of	**dé**	give (subjunctive)
el	the	**él**	he
este	this	**éste**	this one, the latter
ese	that	**ése**	that one
mas	but	**más**	more
mi	my	**mí**	me
se	himself, herself, yourself	**sé**	I know
si	if, whether	**sí**	yes; indeed; himself, herself, yourself
solo	alone, lone	**sólo**	only
te	you	**té**	tea
tu	your	**tú**	you

Exercise. Choose the English expression that translates the underlined word in the Spanish sentence.

A	B
1. ___ Me gustaría un <u>té</u> helado.	a. yes; indeed
2. ___ No <u>sé</u> la respuesta.	b. alone
3. ___ <u>Te</u> lo doy mañana.	c. himself
4. ___ <u>Sólo</u> tenemos dos dólares.	d. if
5. ___ <u>Si</u> hace buen tiempo, vamos.	e. more
6. ___ Prefiero <u>éste</u>.	f. tea
7. ___ Roberto come <u>más</u> que yo.	g. but
8. ___ <u>Sí</u>, lo entiendo.	h. only
9. ___ Jaime fue <u>solo</u>.	i. that one
10. ___ Quiere salir <u>mas</u> no puede ahora.	j. to you
	k. this one
	l. I know

III. Grammar

A. Possessive Adjectives and Pronouns

1. Possessive adjectives in Spanish have two forms: a short form and a long form. The short forms of the possessive adjectives are:

    mi/mis (*my*)   nuestro/nuestra/nuestros/nuestras (*our*)

    tu/tus (*your*)   vuestro/vuestra/vuestros/vuestras (*your*)

    su/sus (*his, her, your, their, its*)   su/sus (*his, her, your, their, its*)

    The possessive adjective always agrees with the thing possessed and not with the possessor.

    Jaime y yo tenemos nuestra mesa cubierta de libros.

    The long forms of the possessive adjective are:

    mío/mía/míos/mías   nuestro/nuestra/nuestros/nuestras

    tuyo/tuya/tuyos/tuyas   vuestro/vuestra/vuestros/vuestras

    suyo/suya/suyos/suyas   suyo/suya/suyos/suyas

    The long forms mean *of mine, of ours,* and so on.

    Un amigo mío salió para   A friend of mine left for
    España ayer.   Spain yesterday.

2. Possessive pronouns are the same as the long forms of the possessive adjective and are normally preceded by the definite article.

    El suyo no es tan interesante   Yours is not as interesting as mine.
    como el mío.

3. Because **su** and **suyo** can have several meanings, the prepositional phrase **de él, de ella, de usted,** and so on is substituted for the possessive after the noun or pronoun.

    La llave de él está encima   His key is on top of the table.
    de la mesa.

    Las tarjetas de ellos se   Their cards were lost.
    perdieron.

Exercise. Choose the correct translation.

1. **El suyo está perdido.**

    a. Ours is lost.

    b. His is lost.

2. **Nuestro coche está al lado de la tienda.**

   a. My car is next to the store.
   b. Our car is next to the store.

3. **Un amigo mío me visitó la semana pasada.**

   a. A friend of mine visited me last week.
   b. My friend visited me last week.

4. **El traje de él está en la tintorería.**

   a. Her suit is at the dry cleaners.
   b. His suit is at the dry cleaners.

5. **El tuyo no funciona bien.**

   a. Yours doesn't work well.
   b. His doesn't work well.

6. **Una hermana nuestra estudiaba en Francia.**

   a. Our sister was studying in France.
   b. A sister of ours was studying in France.

7. **Los lápices de ella están rotos.**

   a. Their pencils are broken.
   b. Her pencils are broken.

8. **Las suyas están sucias.**

   a. Yours are dirty.
   b. Ours are dirty.

B. Demonstrative Adjectives and Pronouns

1. The Spanish demonstrative adjectives (*this, that*) are:

este, esta (*this*)	estos, estas (*these*)
ese, esa (*that*)	esos, esas (*those*)
aquel, aquella (*that*)	aquellos, aquellas (*those*)

2. The Spanish demonstrative pronouns are:

éste, ésta, esto (*this one*)	éstos, éstas (*these*)
ése, ésa, eso (*that one*)	ésos, ésas (*those*)
aquél, aquélla, aquello (*that one* [*over there*])	aquéllos, aquéllas (*those* [*over there*])

   The neuter forms, **esto, eso,** and **aquello,** refer to a whole idea.

   Eso no me interesa.   That does not interest me.

The forms of **éste** and **aquél** can also mean the latter (**éste**) and the former (**aquél**).

Exercise. Choose the English expression that best translates the phrases in Column A.

A	B
1. ____ esta bolsa	a. this one
2. ____ aquellos zapatos	b. that program
3. ____ ese árbol	c. the latter and the former
4. ____ esta lengua	d. these tape recorders
5. ____ aquellas faldas	e. those
6. ____ ésta	f. these files
7. ____ aquéllos	g. that one
8. ____ esa gente	h. these skirts
9. ____ ese programa	i. this purse
10. ____ aquél negocio	j. those journalists
11. ____ estos archivos	k. those people
12. ____ estas grabadoras	l. that epoch
13. ____ esa época	m. that tree
14. ____ éste y aquél	n. that business
15. ____ esos periodistas	o. those tape recorders
	p. those shoes
	q. this language
	r. those skirts
	s. those files

C. Relatives

1. The most common relative in Spanish is **que**. It can refer to persons and things and is translated by *who, that, which,* or *whom*. When the antecedent is immediately followed by the relative, the form is **que**.

Conozco a una persona que habla ruso.   I know a person who speaks Russian.

Ayer vi una película que me gustó mucho.   Yesterday I saw a movie that I liked a lot.

2. When a preposition comes between the antecedent and the relative, **que** is used after the prepositions **a, con, de,** and **en** if the antecedent is a thing. If the antecedent is a person or persons, **quien/quienes** is used.

El hombre con quien soñé anoche era un famoso actor de cine.	The man I dreamed about last night was a famous movie actor.
Las señoras de quienes hablaba comían en el restaurante Cacao.	The ladies about whom I was speaking were eating in the Cacao restaurant.
El taxi en que llegamos tenía un parabrisas roto.	The taxi we arrived in had a broken windshield.

3. When the relative is separated from its antecedent by longer prepositions or by **por** or **para,** and when there are two possible antecedents of different gender or number, the relative pronoun is expressed by **el que, la que, los que, las que, el cual, la cual, los cuales,** or **las cuales.**

La tía de Juan, la que nos mandó un regalo, acaba de cumplir 80 años.	John's aunt, who sent us a present, has just turned 80.
La casa delante de la cual hay un lago hermoso es de nuestros amigos.	The house, in front of which there is a beautiful lake, belongs to our friends.
Los jardines por los que pasamos camino a la universidad tienen muchas flores.	The gardens through which we pass on our way to the university have many flowers.

4. Lo que and lo cual

   a. **Lo que** and **lo cual** refer to a whole idea rather than a specific antecedent. They can be used interchangeably.

Hace mucho calor hoy lo que (lo cual) me hace sentir débil.	It is very hot today, which makes me feel weak.

   b. **Lo que** also means *what* or *that which.* **Lo cual** cannot be used this way.

No entiendo lo que me dices.	I don't understand what you are telling me.

5. **El que** and its feminine and plural forms and **quien/quienes** mean *he/she/they who* or *the one(s) who.*

El que ganó el premio fue Javier.	The one who won the prize was Javier.
Quien llega temprano tendrá más éxito.	The one who arrives early will be more successful.

6. **Cuyo, cuya, cuyos,** and **cuyas** are really relative adjectives and agree in gender and number with the word that follows them.

El hombre, cuya hija está sentada, es el embajador de China.	The man, whose daughter is seated, is the Chinese ambassador.

Exercise. Match the relative clause in Column B to the beginning of the sentence in Column A. Then translate the sentences.

A	**B**
1. ___ No conozco a nadie	a. cuyos pasteles son ricos cierra temprano.
2. ___ Ayer hubo un choque en la calle	b. quien estudie en Alemania.
3. ___ Los jardines alrededor de	c. que fue terrible.
4. ___ No me gusta	d. cuya cesta está en la cocina duerme bien.
5. ___ Mi gato	e. la cual hay un florero es de mi abuela.
6. ___ Hay mucho ruido en la calle	f. las cuales hay una senda son bellas.
7. ___ La pastelería	g. a quien conocí anoche es venezolano.
8. ___ No conozco a la señora	h. los cuales hay una senda son bellos.
9. ___ El joven	i. de quien me habló.
10. ___ La mesa encima de	j. lo que me dijiste.
	k. lo cual no me deja dormir.

IV. Reading

El móvil para todo

A. Pre-Reading Exercises. As you read the following passage, apply the pre-reading and post-reading strategies from the Preliminary Lesson.

1. What does UPC stand for?
2. What does **menú** mean?
3. Underline and translate the expressions with **se** that indicate an accidental happening.
4. List the web addresses in this article. What information can you find there?
5. How many restaurants are participating?
6. Circle the relatives other than **que.**

Del móvil (*cell phone*) a la mesa con mantel (*tablecloth*)

Se le ocurrió (*occurred to him*) el invento (*invention*) viendo «Operación triunfo». «Si usan el móvil para votar, por qué no para comer», pensó este ingeniero, creador, gracias al programa INNOVA de la UPC, de una web que facilita almorzar (*lunch*) fuera de casa.

Siempre lo mismo (*the same thing*). Es martes, ¿no? pues de primero (*first course*), sopa. De segundo, elija (*choose*): bistec o merluza (*hake*). Si el cocinero (*cook*) está de buenas (*in a good mood*), puede que toque (*maybe you'll have*) paella. Pero no, no lo está. ¿Y en el restaurante de al lado (*next door*)? Más de lo mismo. Algo así vivía (*experienced*) Fernando Guirao cada vez que la campana (*bell*) le recordaba (*reminded*) que era hora de comer. Hará cosa de dos años (*It's probably two years ago*). Trabajaba a las afueras (*outskirts*) de Barcelona, en una empresa que gestiona (*arranges*) viajes por (*by*) Internet, y tras varios meses, la merluza y él eran íntimos (*close friends*).

«Sólo había tres restaurantes en la zona donde trabajaba, y sabía lo que había de memoria. Algunas veces decidía cambiar e iba a uno más lejano (*further away*). Casi siempre había algo que no me gustaba y acababa (*ended up*) perdiendo el tiempo», recuerda. Tras un día así y otro también, a este ingeniero informático (*computer*) por la Universidad Politécnica de Cataluña (UPC), se le encendió la bombilla (*a light went on in his head*): crear una empresa que le ahorrase cada día desplazamientos (*trips*) inútiles en busca del almuerzo perfecto. La idea ya se ha materializado y responde al nombre de www.solomenu.com.

El funcionamiento es simple: los restauradores (*restaurant owners*), a través de un mensaje desde su teléfono móvil, pueden colgar (*put*) su menú (*daily specials*) en la web. Los futuros comensales (*diners*), por su parte (*in turn*), lo reciben en el correo electrónico. De esta forma, los que hayan hecho una selección previa de los restaurantes que les interesan —se puede elegir entre 15.000, repartidos por (*throughout*) toda España— sabrán lo que sirven ese día como menú.

Empresa De Base Tecnológica

Según Guirao, el sistema convierte al móvil en un mando a distancia (*remote control*) de Internet. El ingeniero admite que el invento tiene mucho que agradecer (*owes much*) a la primera edición de *Operación triunfo*. «Se me ocurrió viendo el éxito (*success*) que tenían las votaciones através del móvil.» También es consciente de que, sin el apoyo (*help*) de la UPC, su proyecto se hubiera encontrado un camino mucho más pedregoso (*rocky*). «En la universidad nos enseñan a (*teach*) cómo desarrollar (*develop*) ideas, pero no a comercializarlas», explica. Para eso acudió a (*went to*) INNOVA (www.innova.es), un programa que pretende (*attempts*) fomentar (*promote*) la creación de empresas de base tecnológica desde la Universidad. Se basa en el asesoramiento (*advice*) necesario para lanzar (*launch*) un producto. El apoyo se completa con seminarios, jornadas (*day-long workshops*) y materias prácticas y clara mentalidad (*know-how*) empresarial.

Guirao continúa: «La novedad (*novelty*) de esta página web es que los restauradores intervienen (*participate*) con su móvil, porque páginas para ver restaurantes por Internet hay muchas. Ésta ahorra tiempo, ya que (*since*) los clientes ven el menú en su correo, sin necesidad de buscar en la Red». Así fue como el catalán pudo poner en marcha (*motion*) su cibernética criatura (*child*), ideada (*conceived*) para «ganar tiempo y poder disfrutar tranquilamente de un café (*cup of coffee*) tras una buena comida».

«Del móvil a la mesa con mantel», *El Mundo,* el 17 de junio de 2003. Used with permission.

B. Post-Reading Exercises. Respond in English.

1. What innovative idea occurred to Mr. Guirao and why?
2. What helped him to put his idea into practice?
3. What new technology is involved in the implementation of this idea?
4. Explain the title of the reading. Is it a good title for the article?
5. Translate the following sentences:

   a. The sentence beginning **Sólo había tres restaurantes...**
   b. In the paragraph that starts with **El funcionamiento...** translate the sentence that begins **De esta forma...**
   c. The last sentence of the entire article.

Chapter 12

Por and **para,** questions and exclamations, word order, numbers, expressions of obligation, **lo** plus adjectives and adverbs, uses of the infinitive, and diminutives and augmentatives

I. Reading

A. Pre-Reading Exercises. (Title, skim, and scan, as presented in the Preliminary Lesson.)

1. What two men are mentioned in this article, and what are their titles?
2. What is the Spanish term for *greenhouse effect?*
3. What two capital cities are mentioned?
4. Underline and translate the se constructions in the article.
5. Circle prepositional phrases of two or more words and translate them.

EEUU y la UE (*European Union*) acuerdan (*agree*) promover la energía a partir del (*from*) hidrógeno

Bruselas. —La Comisión Europea y el Gobierno de Estados Unidos firmaron (*signed*) ayer un acuerdo para fomentar el desarrollo de tecnologías e infraestructuras para las pilas (*batteries*) de combustible (*fuel*) a partir de hidrógeno. Una medida (*measure*) clave (*key*) para avanzar hacia un uso energético (*energy*) más eficiente y menos dañino (*harmful*) con el medio ambiente (*environment*).

Bruselas y Washington se comprometen por (*are committed to*) este acuerdo al lanzar iniciativas comunes en líneas de investigación (*research*) concretas, como el diseño (*design*) de pilas de combustible, unidades auxiliares de energía para vehículos y otras maquinarias, o el desarrollo de pilas de metanol o polímeros fotoeléctricos.

El hidrógeno y la electricidad son vectores energéticos que aportan (*offer*) soluciones multicombustibles flexibles al transporte y [a] la producción fija (*stable*) de electricidad y favorecen la introducción de fuentes (*sources*) renovables (*renewable*) de energía primaria sin carbono, incluida (*including*) la energía nuclear.

El hidrógeno se obtiene a partir de fuentes como los hidrocarburos, las aguas o la fisión nuclear, aunque, a largo plazo, se pretende (*one aims*) vincularlo (*to link it*) a las fuentes de energía renovables (biomasa, solar, eólica [*wind*] y oceánica), mientras que la pila de combustible es una especie de batería capaz de obtener energía eléctrica y térmica, mediante (*by means of*) la combinación de hidrógeno almacenado (*stored*) y del oxígeno del medio ambiente, y minimizando las emisiones de gases contaminantes con respecto a otros sistemas.

Entre las ventajas (*advantages*) que se les achacan (*attributed*) están la disminución de los gases de *efecto invernadero* (*greenhouse*), la garantía de abastecimiento (*supply*) energético, y la reducción general de la contaminación ya que las pilas son intrínsecamente no contaminantes (*nonpolluting*) porque únicamente emiten vapor de agua en el punto (*at the point*) de utilización.

El acuerdo, firmado por el comisario europeo de Investigación y Ciencia, Philippe Busquin, y por Spencer Abraham, secretario de Estado de Energía de Estados Unidos, compromete a ambas partes (*parties*) a elaborar (*develop*) y extender códigos (*codes*) y estándares internacionales para este tipo de soporte energético, a realizar análisis socioeconómicos sobre sus posibilidades de aplicación y a promover su uso mediante exhibiciones de vehículos e infraestructuras relacionadas.

Elena Aljarilla, Especial para *El Mundo*,
el 17 de junio de 2003, p. 33.

B. Post-Reading Exercises

1. What are sources of hydrogen?
2. What are the advantages of hydrogen-based energy?
3. What does this agreement commit both parties to?
4. Translate **soluciones multicombustibles flexibles.**
5. Why is there a push to develop cars and machinery to run on hydrogen batteries?
6. Translate the last paragraph of the reading.

II. Vocabulary

Idiomatic expressions are often found in Spanish texts. The following list shows a few expressions that you might think you know, so you don't look them up in a dictionary. You might then make a mistake in reading and translation.

o sea	or; that is (to say)
es decir	that is (i.e.)
todavía no	not yet
que yo sepa	as far as I know
cada dos líneas	every other line
los dos primeros capítulos	the first two chapters
a saber	namely, that is
en absoluto	absolutely not
en mi vida	never
desde luego	of course
a lo mejor	maybe, perhaps
más bien	rather
ni mucho menos	far from it
cada vez más grande	bigger and bigger

Exercise. Translate the following sentences.

1. Mi hermano se ponía cada vez más testarudo.

2. A lo mejor vienen más tarde.

3. La tasa de inflación permanece fija, a saber a 2,3% al año.

4. Las diez primeras enmiendas a la Constitución forman la Declaración de Derechos.

5. Se tiene que escribir el informe a cada dos líneas.

6. Desde luego voy a pagar yo.

7. Que yo sepa, Jorge no sacó una A en esta clase.

8. ¿Te molesta esta música? En absoluto.

III. Grammar

A. Por and Para

The two prepositions **por** and **para** often mean *for,* but the word *for* has many possible meanings in English.

1. Uses of **por**

   a. by means of or via

Viajamos a Nueva York por avión.	We traveled to New York by plane.

   b. per

Las naranjas cuestan un dólar por docena.	The oranges cost a dollar per dozen.

   c. in exchange for

Los González compraron el coche por 8.000 dólares.	The Gonzalezes bought the car for $8,000.

   d. agent in the passive voice

La casa fue construida por una compañía grande.	The house was built by a large company.

   e. for the sake of, on behalf of

Lo hice por mi hermano porque él estaba enfermo.	I did it for my brother because he was sick.

f. object of an errand

Ellos fueron por el médico.   They went for the doctor.

g. **por** plus infinitive, to indicate that an action is yet to be completed

La cerca queda por pintar.   The fence is yet to be painted.

h. around, through, along, beside

Damos un paseo por el parque.   We take a walk through (around, beside, along) the park.

i. duration of time (**por** may be omitted in this construction)

Ayer estuvimos estudiando por dos horas.

Ayer estuvimos estudiando dos horas.

We were studying for two hours yesterday.

j. expressions with **por**

por favor	please
por eso	for that reason
por Dios	for heaven's sake
estar por	to be in favor of, to be tempted to
por fin	finally
por la mañana, tarde, noche	in the morning, afternoon, evening
por escrito	in writing
por lo menos	at least
por lo tanto	therefore
por lo visto	apparently

2. Uses of **para**

a. expresses *for* with regard to destinations (geographic and other), a specific time period, use of, in comparison with

Ayer salieron para Madrid.   They left for Madrid yesterday.

Este libro es para Tomás.   This book is for Tomás.

Para el martes tienes que escribir una composición.   For (by) Tuesday you have to write a composition.

Estos vasos son para vino.	These glasses are for wine.
Para un niño, tiene un vocabulario enorme.	For a young child, he has an enormous vocabulary.

b. in order to

Estudiamos español para hablarlo bien.	We are studying Spanish in order to speak it well.

c. expressions with **para**

estar para	to be about to
para siempre	forever
para con	toward

Exercise. Match the Spanish sentence with its English translation.

A

1. ___ Estamos por salir.

2. ___ Para entender, hay que escuchar bien.

3. ___ Trabajamos para IBM.

4. ___ Esta sala es pequeña para la clase.

5. ___ Luchamos por la patria.

6. ___ ¿Cuánto pagaste por la porcelana?

7. ___ Por eso Julián no pudo venir.

8. ___ Vamos a la biblioteca por un libro sobre Cuba.

9. ___ La gasolina es a dos dólares por galón.

10. ___ Estamos para salir.

11. ___ Fuimos por la carretera costera.

12. ___ Los contratos fueron firmados por el jefe.

B

a. For that reason Julian could not come.

b. How much did you pay for the porcelain?

c. We went along the costal highway.

d. The contracts were signed by the boss.

e. We are about to leave.

f. We are in favor of leaving.

g. In order to understand, one must listen well.

h. We work for IBM.

i. We are fighting for our country.

j. We are going to the library for a book about Cuba.

k. Gas is two dollars per gallon.

l. This room is small for the class.

B. Questions and Exclamations

1. Questions. Interrogative words in Spanish are:

¿qué?	what?	¿cuál/es?	which one(s)?
¿quién/es?	who?	¿cuánto (a/os/as)?	how much/many?
¿cuándo?	when?	¿por qué?	why?
¿dónde?	where?	¿cómo?	how?

¿Cuándo llegará Juanita?	When will Juanita arrive?
¿Por qué no asistieron tus hermanos a clase?	Why didn't your brothers attend class?
¿Cuántas blusas tiene que llevar Susana a la tintorería?	How many blouses does Susana have to take to the dry cleaners?

Note that each question begins with an inverted question mark and that the interrogative word has a written accent.

2. Exclamations. To form an exclamation, you often use the interrogative words, but the tone of the sentence is exclamatory instead of interrogatory.

¡Qué guapa está Lucinda!	How pretty Lucinda looks!
¡Cómo se parece Paco a su papá!	How much Paco looks like his father!
¡Cuánto cuestan los coches nuevos!	New cars cost so much!

3. Note that in questions and exclamations, the subject often follows the verb.

C. Word Order. In Spanish, the subject of the sentence can follow the verb, especially in a subordinate clause. In addition, the direct object of a sentence can precede the subject.

Juan quería que llegara el paquete antes que se fuera.	Juan wanted the package to arrive before he left.
Esa revista la vi en el quiosco ayer.	I saw that magazine at the newsstand yesterday.

Exercise. Translate the following sentences, keeping in mind word order.

1. ¡Qué tiempo tan bello hace hoy!

2. Me parece que sería bueno si lo hiciera él.

3. ¿Cuánto tiempo tienes para preparar ese proyecto?

4. No sé cuándo se despertarán los jóvenes.

5. Al ladrón lo arrestó la policía cinco minutos después de haber cometido el robo.

6. Paco dice que el coche lo arregló ayer el mecánico.

7. No sabes ¡cuánto me encanta verte!

8. ¿Adónde piensas ir mañana por la mañana?

D. Numbers

1. Cardinal numbers 1–1,000,000,000,000

1	uno	30	treinta
2	dos	31	treinta y uno/a
3	tres	40	cuarenta
4	cuatro	50	cincuenta
5	cinco	60	sesenta
6	seis	70	setenta
7	siete	80	ochenta
8	ocho	90	noventa
9	nueve	100	cien
10	diez	200	doscientos
11	once	300	trescientos
12	doce	400	cuatrocientos
13	trece	500	quinientos
14	catorce	600	seiscientos
15	quince	700	setecientos
16	dieciséis	800	ochocientos
17	diecisiete	900	novecientos
18	dieciocho	1,000	mil
19	diecinueve	100,000	cien mil
20	veinte	1,000,000	un millón
21	veintiuno/a, veinte y uno/a	1,000,000,000	mil millones
22	veintidós, veinte y dos	1,000,000,000,000	un billón
23	veintitrés, veinte y tres		

2. **Uno** becomes **un** before a masculine singular noun and is accented on the **u** in the number **veintiún**.

3. The number **cien,** 100, changes to **ciento** followed by a number smaller than itself.

4. Ordinal numbers are:

primero/a (1°, 1ª)	first	**séptimo/a**	seventh
segundo/a (2°, 2ª)	second	**octavo/a**	eighth
tercero/a	third	**noveno/a**	ninth
cuarto/a	fourth	**décimo/a**	tenth
quinto/a	fifth	**onceno/a**	eleventh
sexto/a	sixth	**duodécimo/a**	twelfth

   1° is the abreviated form for first and so on. The ° indicates a masculine noun and the ª indicates a feminine noun.
   After twelfth, cardinal numbers are generally used. In titles like Henry the Fifth, the definite article is omitted in Spanish: **Enrique V.** Since these words are adjectives, they agree in gender and number with the nouns they modify.

Las tres primeras partes.   The first three parts.

Ordinal numbers precede or follow the noun: **el primer* capítulo** or **el capítulo primero.**

E. Expressions of Obligation. There are four expressions of obligation in Spanish. **Deber** means *should* or *must* and implies a moral obligation; **tener que** means *must* and is the strongest of these expressions; **hay que** means *one must* or *it is necessary* and is an impersonal expression of obligation; and **haber de** means *to be supposed to* or *to be to* and is the least emphatic of these expressions.

Exercise. Translate the following sentences.

1. Hay que entregar el tercer ensayo para el tres de noviembre.

2. Debes memorizar las tres primeras líneas del poema para hoy.

3. Mauricio tuvo que pagar el alquiler antes del segundo martes del mes.

4. Hemos de salir en las primeras horas del veintiséis.

5. Hay que leer el sexto capítulo del libro de historia.

6. Debías haberme dicho la verdad cuando te lo pregunté.

---

*Primero and tercero lose their final o before masculine singular nouns.

F. **Lo Plus Adjectives and Adverbs**

Lo plus a masculine singular adjective has several translations. The general idea is the adjective plus thing or part, so **lo mejor** would be *the best thing* or *the best part*. An example of **lo** plus **más** plus an adverb is **lo más rápido posible.** This is translated as *as fast as possible*.

Lo plus an adjective or an adverb can be translated as *how* plus the adjective or adverb. For instance, **Mira lo delgada que es.** (*Look how thin she is.*) Notice that the adjective agrees with the subject of the sentence.

G. **Uses of the Infinitive**

In Spanish, an infinitive can function as a verbal noun with or without the definite article. In English, we use the gerund for this purpose, but that would be incorrect in Spanish.

El leer mucho ayuda a aprender una lengua extranjera.	Reading a lot helps to learn a foreign language.

After a preposition, you must use an infinitive in Spanish and not a gerund as in English.

Después de comer, fuimos al cine.	After eating, we went to the movies.

H. **Diminutives and Augmentatives**

Most often diminutives and augmentatives are found as suffixes added to words. Diminutive suffixes indicate affection, small size, and scorn or other forms of derision; augmentative endings usually indicate large size and also scorn or another negative quality.

The most common diminutive endings in Spanish are **-ico/a, -ito/a, -cillo/a, -cito/a, -illo/a,** and **-uelo/a.** These also have plural forms.

The most common augmentative endings in Spanish are **-acho/a, -azo/a, -ón, -ona, -ote/a,** and **-ucho/a.** These also have plural forms.

DIMINUTIVES		AUGMENTATIVES	
manita	little hand	**manotazo**	slap with the hand
bebito	little baby	**casucha**	ugly, old house
panecito	roll	**poblacho**	ugly town

Note that the translation of these words depends very much on the inherent meaning of the text.

Exercise. Translate the following sentences, paying particular attention to **lo** plus adjectives and adverbs, the use of the infinitive, and diminutives and augmentatives.

1. Lo más difícil es hacer la tarea cuando uno está cansado.

2. El niñito jugaba con su cochecito.

3. Ver es creer.

4. El fumar es peligroso para la salud.

5. Lo peor de este poblacho son sus calles sucias.

6. ¿Viste lo impresionante que es la nueva biblioteca de la universidad?

7. Mira lo lento que es el tráfico hoy.

8. Antes de salir de la oficina, terminamos el trabajo lo mejor que pudimos.

9. El leñador dio tal hachazo al árbol que cayó al instante.

10. Mamacita, después de hacer las compras, queremos ir a nadar.

IV. Reading

El observatorio de Monte Albán

A. Pre-Reading Exercises. As you read the following passage, apply the pre-reading and post-reading strategies from the Preliminary Lesson.

1. Rewrite the numbers as we use them in the United States.
2. Underline **por** and **para** and translate them in the context of the sentence.
3. What South American country is mentioned in this article?

4. Write down ten cognates from the article. What can be observed about scientific terms?

5. What scientific magazine is mentioned?

6. Translate the phrase **del anterior astro de materiales ligeros conocido.**

Descubierta una estrella (*star*) casi de primera generación, hecha sólo de hidrógeno y helio

Tras más de una década de observación sistemática en el cielo y gracias a la gran capacidad de los mejores telescopios del mundo (los europeos VLT [*very large telescopes*] instalados en Chile), los astrofísicos han encontrado (*have found*) una estrella casi de primera generación, compuesta prácticamente sólo de hidrógeno y helio. Tan difícil ha sido la búsqueda (*search*) que muchos habían llegado a pensar que sería imposible encontrar algo así (*like this*).

La estrella identificada, HE 0107-5240, está a una distancia de 36.000 años luz en la dirección de la constelación Fénix —en el cielo del hemisferio Sur— y una masa del 80% de la solar. Su abundancia en materiales pesados (*heavy*) es 200.000 veces más baja (*lower*) que la del Sol y 20 veces inferior a la del anterior astro (*star*) de materiales ligeros (*light*) conocido. Los científicos dicen que este hallazgo (*discovery*) abre una nueva ventana de observación hacia los tiempos en que la Vía Láctea (*Milky Way*) era muy joven, incluso tal vez en formación, y que seguramente brinda (*offers*) la oportunidad de estudiar material pristino del Big Bang. El descubrimiento se anuncia en el último número de la revista *Nature*.

«La Vía Láctea, la galaxia en que vivimos, se formó a partir de una gigantesca nube (*cloud*) de gas cuando el universo todavía era joven, poco después del Big Bang inicial. Al principio, ese gas estaría compuesto casi exclusivamente de átomos de hidrógeno y de helio producidos por el Big Bang», explican los expertos del Observatorio Europeo Austral (*southern*) (ESO [*European Southern Observatory*]). «Sin embargo (*however*), una vez que se formaron las primeras estrellas por contracción del gas, muchos elementos más pesados se fabricaron (*were created*) a partir de los procesos nucleares en ellas. Con el paso del tiempo, muchos de los astros de aquella generación y las sucesivas expulsaron en su entorno (*atmosphere*) la materia procesada, y afuera por violentas explosiones de supernovas o por los vientos estelares (*star*). Así el gas interestelar de la Vía Láctea se ha ido enriqueciendo con elementos pesados. Las estrellas de generaciones posteriores como nuestro Sol, contienen los elementos producidos por sus ancestros y nosotros mismos estamos hechos de ellos.»

El hallazgo de HE 0107-5240 es un buen ejemplo de la utilización eficaz (*effective*) de diferentes observatorios. La búsqueda parte de la compilación de una colección de fotografías tomadas con un telescopio de un metro de diámetro del ESO en La Silla (Chile). Se fueron haciendo espectros de luz de todos los objetos observados para tener una primera idea de su composición. Tras ese rastreo (*tracking*), liderado (*led*) por los alemanes, Dieter Reimers y Lutz Wisotzki, se seleccionaron con ordenadores (*computers*) los astros más pobres en elementos pesados, y salieron (*which resulted in*) unos 8.000 candidatos.

El trabajo fino se ha hecho con uno de los cuatro telescopios gigantes VLT (8,2 metros de diámetro cada uno) de ESO en el Observatorio de Paranal. Así, un equipo (*team*) de astrónomos de Alemania, Suiza, Australia, Brasil y EEUU, dirigidos (*directed*) por Norbert Christlieb determinó con precisión la composición de HE 0107-5240.

En la atmósfera del Sol hay un átomo de hierro por cada 31.000 átomos de hidrógeno y en HE 0107-5240 la proporción de uno en 6.800 millones. «La estrella aún contiene algunos elementos pesados y lo más probable es que se formaran antes aún en astros que explotarían como supernovas», señala (*points out*) Christlieb. «Pero es lo más cerca que nunca (*ever*) hemos llegado, estudiando estrellas, a las condiciones directamente posteriores al Big Bang».

Alicia Rivera, *El País*, el 6 de noviembre de 2002, p. 33.

B. Post-Reading Exercises. Respond in English.

1. What major discovery does the article talk about?
2. Why is this discovery so important?
3. What countries make up the team of astronomers?
4. What is the Big Bang theory?
5. What words are used to express the meaning of *star* or *stellar* in this article?
6. Translate the paragraph that begins **La Vía Láctea**.

Review Lesson III

Chapters 9–12

As in the other review lessons, the texts in Review Lesson III are thematically connected, and the theme for these readings is technical and scientific. As before, the texts will reflect the vocabulary and grammar of the previous lessons.

Reading and translation tips:

1. Remember to carefully consider the title of the article you are reading, and try to think of vocabulary that is used in articles of that subject matter.

2. Remember that the subject of a Spanish sentence may not be among the first words of the sentence, so be careful when determining the subject and verb of each sentence.

3. Remember to identify the subject and direct object of the sentence, since in some instances the direct object can precede the subject.

4. Sometimes it may be necessary, after finding the meaning of a word in a bilingual dictionary, to consult an English language thesaurus, because the definition in the bilingual dictionary may not be appropriate for the context of the sentence. For example, consider the sentence **Esa crueldad nace de lo más estancado del ser humano.** The word **estancado** is most often translated as *stagnant*. However, one would rarely refer in English to the most *stagnant* aspect of a human being but rather to the most *foul* aspect of a human being.

5. Remember that a text in Spanish should be translated into English so that it flows well and sounds as if it were originally written in English. Therefore, reread your translations to make sure that the English does not sound stilted. If the sentence does not make sense, you probably made a mistake in your translation.

6. In scientific and technology texts you will encounter Latin and Greek terms; they are often in italics or quotation marks. You can usually find them in an unabridged English dictionary.

7. You will find many cognates in these texts and will most often not have to consult a dictionary for these words.

Text 1

Logran por primera vez la clonación de ratas

Un equipo de investigadores franceses logró clonar por primera vez ratas, una especie animal que constituye un modelo importante de investigación sobre enfermedades humanas como la diabetes o la hipertensión, anunció ayer la revista estadounidense *Science*.

Hasta ahora no se habían clonado ratas debido a una particularidad de sus ovocitos, que se activan espontáneamente mediante un proceso de división celular y en los 60 minutos que siguen a su retirada del oviducto (la trompa de Falopio), sin dar tiempo a los científicos para efectuar la clonación, explicaron los autores.

Se trataba pues de impedir esa «partenogénesis espontánea» seguida rápidamente de una fragmentación, «porque incluso trabajando muy de prisa era imposible introducir el núcleo» de una célula de rata en los ovocitos antes de que iniciaran su división, explicó Jean-Paul Renard, del Instituto Nacional de Investigación Agrónoma (INRA) en Jouy-en-Josas, cerca de París.

Dos terceras partes de los ovocitos de ratas se activan ya en treinta minutos, precisó Renard. Por eso se utilizó un inhibidor de proteasa llamado MG132 para «estabilizar» el ovocito durante hasta tres horas.

Gracias a este método, los científicos pudieron implantar 129 embriones obtenidos por clonación en dos hembras, una de las cuales fue fecundada y dio a luz tres crías. Una de ellas murió poco después de nacer. La primera cría, un macho llamado Ralph, se desarrolló al igual que el otro clon superviviente hasta la edad de reproducción normal.

Este primer éxito estuvo seguido por el nacimiento de dos hembras que llegaron a la edad adulta.

Más tarde nacieron unos «cuarenta pequeños» de padres clones; también, crías de una cruza entre una hembra y un macho clones, precisó Renard.

Clarín, el 26 de septiembre de 2003, p. 36.

A. Grammar and Vocabulary Exercises

1. Find and translate the passive voice constructions. Remember that there is more than one way to express the passive voice in Spanish.
2. Underline the past participles used as adjectives.
3. Circle all the words with the root of *clon*.
4. Locate and translate phrases with **por.**
5. List the scientific terms and their meanings.

B. Content Questions

1. Where did this experiment take place, and where was it reported?
2. What is the difficulty that the cloning of rats presented?
3. Why was it so important to clone rats?
4. Detail the results of this experiment.

C. Translation

Translate the second paragraph of this article.

Text 2

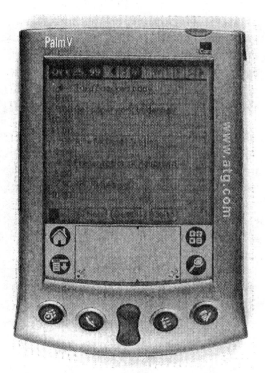

Computador de bolsillo

Más funciones y capacidad traen nuevos computadores de bolsillo

Manuel Contreras Esparza/Rep. Dominicana

En las películas de vaqueros es todo un clásico el momento en que el protagonista anuncia al forastero que en «este pueblo no hay espacio para los dos». Algo similar ocurre en el mercado tecnológico: según un informe de la consultora estadounidense IDC, el éxito de los celulares con funciones de PDA no dejará espacio en los bolsillos de los usuarios para los dispositivos tradicionales fabricados por firmas como Palm o HP.

Frente a este anuncio, la compañía Palm —cuyo nombre se aplica en forma genérica a estos aparatos— ha reaccionado con calma. «Las predicciones de diversas firmas de estudios de mercado en muchos casos no han sido del todo acertadas», señaló a *La Tercera* el vicepresidente ejecutivo y gerente general de Unidad de Negocios de Palm, Ken Wirt.

«Nosotros creemos que hay muchos segmentos en el mercado. Para algunas personas los teléfonos inteligentes son una muy buena solución, pero otras necesitan pantallas más amplias y no se puede poner una gran pantalla en un celular pequeño. Para entretención, contenidos, mensajes largos, datos, planillas del cálculo, procesamiento de texto, una pantalla grande es importante», señala, explicando uno de los elementos que diferencian sus productos.

Pero según Wirt hay más factores que le permiten competir con fuerza contra los *smart phones*. De acuerdo al ejecutivo, el sistema operativo Palm maneja más direcciones que la mayoría de los sistemas ofrecidos por los fabricantes de teléfonos. Por otra parte, estos celulares se deben sincronizar con computadores, ya que sus pequeños teclados no permiten ingresar directamente datos en la agenda, y según Wirt, «nadie sabe más que Palm sobre sincronización».

Considerando estos factores y en contra de la idea lanzada por IDC, el ejecutivo señala que es «nuestra responsabilidad lanzar productos que la gente quiera comprar».

Nuevos productos, igual precio

Pensando en lo anterior, la compañía lanzó hoy a nivel mundial tres nuevas PDAs —y una serie de accesorios— con atractivos precios. Entre ellos sobresale un nuevo modelo para ejecutivos —la Tungsten T3— con una gran pantalla que puede usarse en forma horizontal. También se lanzó un aparato más accesible —la Zire 21— que conserva el precio del modelo al que reemplaza. En este contexto, Carlos Vries, gerente general de Palm Latinoamérica, señala que «la Tungsten E incorpora funcionalidades que en el pasado jamás se habrían podido pensar a un precio de US$200».

La Tercera, el 1° de octubre de 2003, p. 19.

A. Grammar and Vocabulary Exercises

1. List ten cognates.
2. List terms dealing with technology.
3. Circle and translate the adverbs. Remember that not all adverbs end in -mente.
4. Find phrases with the gerund and translate them.

B. Content Questions

1. Explain the first sentence, considering the content of the article.
2. What are the drawbacks of the PDAs?
3. What does a "smart phone" do?
4. Who is Ken Wirt and why is he not worried about the competition that PDAs face?

C. Translation

Translate the last paragraph of the article.

Text 3

Manchas, ocelos (*round, colorful eyelike markings*), dibujos o colores tienen que ver con el lugar donde viven

La vida comenzó en el agua hace millones de años. Desde entonces muchas plantas y animales han salido del fondo para vivir en tierra firme, pero el océano sigue siendo el hogar de una fascinante pandilla de seres vivos, entre ellos unas 13 000 especies de peces y otras miles de invertebrados marinos.

Unos viven en mares templados; otros, en fríos; algunos prefieren los fondos arenosos, mientras que muchos se decantan por los arrecifes de coral o las rocas. Éste es el motivo por el que cada uno tiene una apariencia distinta: colores, dibujos, ocelos y manchas dependen del lugar donde habitan. Y explica también el hecho de que muchas especies de diversos géneros poseen colores básicos semejantes.

Los cromatocitos son los responsables del color

¿Pero de qué les sirve a los peces la coloración que poseen? La variación en la pigmentación responde a dos propósitos; comunicarse y defenderse ante los depredadores, por lo que muchas especies se confunden con el entorno. Así, es bastante común encontrarse con peces oscuros por la parte superior y claritos por la inferior, pero extremadamente difícil hallar alguno que sea albino. Esta característica haría que fuera localizado por sus depredadores.

Al igual que la de todos los vertebrados, la piel de los peces está compuesta por dos capas: la epidermis, que es más superficial, y la dermis o corium, una capa relativamente delgada, profunda y rica en fibras de colágeno. Por último se halla el tejido subcutáneo o hipodermis, que se caracteriza por poseer un tejido conjuntivo desorganizado, adipocitos, y por sostener la dermis a través de la musculatura.

En la capa inferior de la epidermis, pero extendiéndose hasta cierta profundidad de la dermis, se encuentran los cromatóforos, células pigmentarias responsables de la coloración. Estos poseen unas partículas, los cromatocitos, que dependiendo del color que originen se denominan de una u otra manera. Así, los eritróforos, que contienen eritrina, son los responsables del color rojo y naranja; los xantóforos, del amarillo, y los melanóforos, del negro.

Otro tipo de células que también originan las distintas tonalidades son los iridocitos, que se encargan del brillo metálico. Contienen pigmentos cristalinos de guanina, un ácido nucleico que refleja muy bien la luz. Cuando llega la radiación luminosa a la piel de los peces, la guanina descompone la luz como si fuera un prisma reflejando sólo una parte que es precisamente la que recibe el ojo como si fuera una sensación de brillo metálico. De esta misma manera, puede aparecer la tonalidad azul, puesto que no hay pigmentos de ese color. Cuando la guanina está situada muy profundamente se observa una pigmentación plateada; si se halla más en la superficie, la tonalidad será dorada o dorado-verdosa, pero siempre metalizada.

Otro de los parámetros que se debe tener en cuenta es la intensidad del color, que está definida por la dispersión o la concentración de los gránulos pigmentarios contenidos en el cromatóforo. Este fenómeno está determinado por factores anímicos. El pulpo, por ejemplo, aunque no es un pez sino un molusco cefalópodo, cuando se alarma cambia de tonalidad adoptando un colorido defensivo. Los cambios de coloración van desplazándose por todo el cuerpo hasta formar manchas oscuras alrededor de los ojos. Otras veces, la variación va asociada con el cortejo, adquiriendo su cuerpo un cromatismo a franjas.

El proceso del mimetismo puede durar hasta días

Este tipo de pigmentación, a rayas, es muy común en el reino animal. Se denomina coloración disruptiva y logra difuminar la silueta del animal sobre un fondo abigarrado. Se podría pensar que estas bandas alternativas sólo se dan en las cebras o en los tigres. Sin embargo, algunos moluscos, insectos y los mismos peces también se adornan con ellas.

Pero, mientras las cebras y los tigres nacen con esas rayas que les duran toda la vida, aunque se vayan agrandando según crecen, no ocurre igual con los peces. Dos investigadores japoneses estudiaron el patrón de coloración de dos especies de peces ángel —*Pomacanthus semicirculatus* y *Pomacanthus imperator*— y se percataron de que las bandas mantenían su tamaño y su distancia, lo que se conseguía intercalando nuevas franjas. Los patrones de aparición de esas rayas indican que el crecimiento del animal provoca zonas de inestabilidad y un aumento del número de bandas.

Los peces utilizan también el color si necesitan confundirse con el paisaje, bien para pasar desapercibidos o para parecerse a algún objeto de ese medio. Este proceso se llama mimetismo y puede durar desde unos segundos a algunos minutos o días como en el caso de los tiburones. En ocasiones, algunas especies cambian de ambiente y necesitan que su policromía sea distinta para mezclarse con el medio; entonces el pez aumenta o disminuye su pigmentación oscureciendo o aclarando su piel.

Todos estos comportamientos y trucos son los que permiten a estas especies moverse sin cortapisas, como pez en el agua.

Eulalia Sacristán, «Manchas, ocelos, dibujos o colores tienen que ver con el lugar donde viven», *Muy Interesante* (México), Año 20, no. 6, pp. 92 y 94.

A. Grammar and Vocabulary Exercises

1. Look for the cases of nominalization of adjectives—that is, when the noun is omitted and the adjective functions as a noun.
2. Underline the subjunctive forms (present and past) and translate those sentences.
3. List the marine vocabulary.
4. List the words referring to the skin.
5. What do these expressions mean: **tener en cuenta, sin embargo, desde entonces,** and **hace millones de años?**

B. Content Questions

1. Why do creatures of the sea look different from each other?
2. What is the source for the red, orange, yellow, and black coloring of marine life?
3. Explain what makes fish shine.
4. Explain **mimetismo.**
5. How are tigers and zebras different from striped marine life?

C. Translation

Translate the paragraph that begins: «**Otro de los parámetros...** »

Appendix I
Specialized readings

Text 1

La autotraducción

El espacio donde la archiconocida afirmación *traduttore-tradittore* cobra vida con mayor fuerza es, sin duda, la traducción literaria. Las características de distintas versiones a otras lenguas de un determinado texto literario han hecho correr tinta, durante toda la historia de la literatura, a través de encendidas polémicas sobre la fidelidad del traductor al texto original. En este marco de discusión podría pensarse que una forma posible de superar los problemas planteados por las versiones realizadas por otros consistiría en que el propio escritor realice la traducción, se autotraduzca. Pudiera parecer así que la fidelidad dejaría de ser un problema puesto que, al ser el propio escritor quien proporcionaría la versión en la otra lengua, ni siquiera tendría sentido plantear la cuestión.

Contrariamente a lo que pudiera parecer, la autotraducción tiene una larga tradición en el mundo literario. Fueron muchos los autores clásicos que la practicaron y son todavía más los contemporáneos que así lo hacen. En este número de *Quimera* hemos querido bucear en esta singular operación con la intención de ofrecer una perspectiva externa e interna de la cuestión.

Algunos de los artículos aquí recogidos, como el de Julio César Santoyo, proporcionan una panorámica global externa del universo de la autotraducción (autores que la han practicado, lenguas implicadas en tal proceso, etc.) y en otros se analiza, también desde fuera, la labor autotraductora de algunos escritores en particular (Nabokov, Cunqueiro).

Con el fin de situarnos en el corazón mismo del problema hemos requerido el testimonio de escritores contemporáneos que se autotraducen y que son representativos de las distintas tradiciones literarias existentes en España. De sus palabras se desprende que cada uno concibe la autotraducción de una forma diferente, desde quien declara que realizar la traducción de una de sus obras le supone reescribirla de nuevo, hasta quien afirma que, cuando se traduce a sí mismo, procura no desviarse ni un ápice del texto original. La pluralidad de visiones sugiere, desde luego, que autotraducirse no resuelve lo que podría denominarse «el problema de la traducción» sino que, al contrario, pone de manifiesto un aspecto fundamental de la operación de escribir: las relaciones que mantiene el escritor con cada una de las lenguas que maneja y que determinan el carácter que tendrán las versiones de su obra. Lógico es, por tanto, que cada autor conciba de forma diferente y según su propia experiencia, la complicada operación de autotraducirse.

Quimera, no. 210, enero 2002, p. 9.
Coordinado por Dolors Poch

Text 2

Tula, espejo del cielo

El pasado 6 de noviembre se presentó en el Museo Nacional de Antropología el documental de Alberto Davidoff Misrachi, «Tula, espejo de cielo», complemento de su libro *Arqueologías del espejo*, publicado en 1996. En ambas obras se propone unir diferentes elementos en un todo: el sitio de Tula, su paisaje circundante, variadas iconografías, fuentes históricas y de la mitología del siglo XVI, el ciclo de Venus, la crisis religiosa y algunas formas de transición hacia el cristianismo. Relacionar todo esto le permitió al autor establecer una hipótesis sobre el funcionamiento ritual de Tula, y por extensión del espacio ceremonial mesoamericano, así como reconstruir una veta oculta de la religiosidad tolteca.

En el video, la observación de una montaña (el Xicuco) desde Tula, su ocultamiento por las pirámides y su resurgir permite al autor comparar el sitio con el Códice Borgia, uno de los documentos pictográficos centrales mesoamericanos. Según él, esta relación documento-sitio «sólo ha podido establecerse para Tula y abre una experiencia antigua de los centros ceremoniales». También sugiere algunos momentos históricos que explican cómo se transformó esta tradición hasta quedar en el olvido. Video y libro se complementan con una bella guía del sitio, en la que colabora también Marcela Rodríguez, que además de mostrar el recorrido por Tula tiene las imágenes del Códice Borgia. De esta manera el visitante podrá juzgar en su visita al sitio la pertinencia de las comparaciones y de las hipótesis propuestas por Davidoff en estos tres trabajos.

Juan Antonio Ferrer Aguilar, Centro INAH, Chiapas.
Arqueología, no. 65, «Ser humano en el México antiguo», enero-febrero 2004, Noticias.
www.arqueomex.com/S2N3nNOTICIAS64.html

Text 3

Mitad espejo, mitad sueño, los indígenas americanos han representado la principal fuente de reflexión antropológica de Occidente. Cualquiera que haya sido el grado de distorsión al que la escritura europea ha sometido a las culturas indígenas desde fines del siglo XV los europeos no han dejado de pensar la diferencia, y por tanto de pensarse a sí mismos, a través de los indios; nuestros antípodas por antonomasia: nobles salvajes y caníbales terribles. Fue el conocimiento de las poblaciones indígenas, como es sabido, lo que, al impulsar la exigencia de comprender la variación humana dentro de lo que era por primera vez una perspectiva comparativa global, sentó las bases de la ciencia social moderna. Durante cierto tiempo este lugar de referencia se redujo por efecto de las ideas y políticas homogeneizadoras. Pero en un muy breve período de tiempo la tendencia parece haberse invertido. Las culturas indígenas están resurgiendo en términos demográficos, políticos y vitales. Y con ellas también cobra fuerza la reflexión —propia y ajena— sobre quiénes son y qué lugar ocupan. Posiblemente esto se debe a una combinación de factores. Algunos tienen un carácter político. El auge y la extensión de la política de la identidad ha propiciado que el antiguo estigma de la diferencia se haya tornado casi una virtud. Y en este contexto, los pueblos indígenas han pasado a ocupar, en algunos países, un lugar casi central en los debates sobre la reforma del estado y el modo en que cada nación debe organizar su diferencia interna.

A decir verdad, no es que las culturas indígenas se muestren particularmente preocupadas por cuestiones de identidad colectiva (asunto que no deja de ser una manía propia de nuestra tradición europea). Pero aun en condiciones que no son del todo de su elección, la nueva coyuntura ha permitido que algunos grupos y sectores indígenas —no todos— hayan logrado atraer tanto la atención pública internacional como la de sus respectivos países. Otros factores tienen un carácter intelectual más general. El retraimiento de los paradigmas totalizadores, y con ellos las expectativas de una razón universal y un ideal de la verdad, a favor de miradas más relativistas (o más perspectivistas) han renovado el interés por otros puntos de vista. Las ideas indígenas acerca de la naturaleza, de la sociedad, de la persona, de la política, de los mundos imaginales, etcétera, son suficientemente distintas como para obligarnos a forzar un poco nuestra imaginación y tensar nuestros automatismos intelectuales y lingüísticos. Pero también, a medida que nuestro mundo se vuelve más complejo tecnológica y moralmente, descubrimos que las ideas indígenas, en lugar de vestigios arcaicos (cuyo interés residía precisamente en este carácter vestigial), abordan con frecuencia problemas conceptualmente semejantes a los que nos interesan a nosotros. Evidentemente, el interés de estas ideas no reside en que puedan funcionar como alternativas a las nuestras, sino en su capacidad de multiplicar nuestros puntos de vista. Si todo conocimiento de otras culturas es una experimentación con la propia, en el caso de las culturas indígenas americanas esto es especialmente cierto.

Pedro Pitarch, «Presentación», *Revista de Occidente*, no. 269, octubre 2003, pp. 5–6.

Text 4a

Los empresarios y la transición a la democracia: los casos de México y España

Resumen: El trabajo presenta algunas reflexiones sobre el comportamiento de los empresarios mexicanos y españoles en sus respectivas transiciones a la democracia desde una perspectiva comparada. El texto sostiene que, en ambas situaciones, el tipo de transición, las características de los actores, así como el contexto económico en que se desarrolló influyeron en el comportamiento de los empresarios de cara al cambio político. Asimismo, destaca una mayor autonomía de actuación y beligerancia de los empresarios españoles frente al cambio político en comparación con su contraparte mexicana. Además, subraya la ausencia de vinculación de los empresarios españoles con los partidos políticos durante el proceso de transición.

Palabras clave: empresarios, organizaciones empresariales, transición política, economía, democracia

Anselmo Flores Andrade, *Revista mexicana de sociología*, Año LXV/Núm3, julio-septiembre de 2003, p. 497.

Text 4b

Democratización, pluralización y cambios en el sistema de partidos en México 1991–2000

Resumen: En este artículo se analizan los cambios en el sistema de partidos en México durante la década de 1991–2000. Se comparan las semejanzas y diferencias en el comportamiento electoral en una situación de desalineamiento y en una de transición hacia la democracia. A partir de este marco, se analiza el paso de un sistema de partido hegemónico hacia otro caracterizado por un mayor pluralismo; se miden la volatilidad electoral y la pluralización del sistema de partidos y se desglosan los diferentes formatos específicos o subsistemas de partidos que localmente toma la configuración de la competencia partidaria en los cuatro procesos electorales estudiados.

Palabras clave: transición, democratización, desalineamiento, volatilidad electoral, sistema de partido hegemónico, bipartidismo, tripartidismo, partido predominante.

Guadalupe Pacheco Méndez, *Revista mexicana de sociología*, Año LXV/Núm3, julio-septiembre de 2003, p. 523.

Text 5a

Valls Hernández, Sergio y Carlos Matute González, *Nuevo Derecho Administrativo* (México DF: Biblioteca Jurídica Porrúa, 2003).

Nuevo Derecho Administrativo agrupa una serie de ensayos jurídicos relativos a la situación actual del Derecho Administrativo, dado el proceso de transformación que ha experimentado la Administración Pública mexicana, como consecuencia del tránsito de las crisis financieras recurrentes —1976, 1982, 1987 y 1994— hacia la nueva «gobernación». A la legitimidad legal tradicionalmente exigida se agrega no sólo la demanda del respeto a valores de equidad y participación sociales, sino que, en los últimos años se exige también la eficacia y la eficiencia en el uso de los recursos públicos.

Este libro es polémico porque plantea que nuestro Derecho Administrativo se encuentra aprisionado por un paradigma que ya no soluciona los problemas que se presentan en la realidad. El modelo burocrático-racional conduce a la estéril negación y crítica de lo evidente, puesto que no acepta que las administraciones públicas se han convertido en un fin en sí mismas y han dejado de ser un instrumento al servicio del gobierno, pero sobre todo no admiten que han abandonado su esencialidad: busca satisfacer las necesidades de los individuos y organizaciones sociales. Una premisa es que toda nueva realidad política exige un Derecho Administrativo diferente que rompa con los paradigmas anteriores. En la época actual la crisis del Estado social de derecho ofrece esa disyuntiva sin que se visualicen aún, en su dimensión total las consecuencias en conceptos jurídicos tales como: legalidad, personalidad de los entes públicos, organización administrativa, jerarquía de normas entre otros.

La intención de los autores de esta obra es mover a la reflexión, por lo que la misma sólo adquirirá su dimensión exacta a través de una lectura crítica.

Text 5b

Güitrón Fuentevilla, Julián y Susana Roig Canal, *Nuevo derecho familiar: En el Código Civil de México Distrito Federal del año 2000* (México, DF: Biblioteca Jurídica Porrúa, 2003).

Pocas áreas de la conducta humana resultan tan importantes para todas las culturas del mundo que la familia. Desde las organizaciones sociales más arcaicas, desde los primeros rastros que de cultura hemos encontrado tanto en América como en Europa y Asia, los especialistas coinciden siempre en que fue la familia el núcleo central que permitió comenzar la marcha de la historia. A la familia se debe la transmisión de los valores fundamentales, el aprendizaje de los códigos de conducta y comunicación que permite al individuo insertarse en la vida social; a la familia se deben aspectos tan fundamentales como el lenguaje, las relaciones afectivas y los roles sociales. Protegerla significa proteger a la sociedad en su conjunto.

Por ser el centro donde confluyen todas las tensiones del cuerpo social, finalmente cada individuo torna al seno familiar trasladando los conflictos y las venturas que en su vida extrafamiliar encuentra, este núcleo social central debe de ser protegido. En ello las autoridades administrativas, las legislaturas y los movimientos ciudadanos han empeñado gran parte de sus esfuerzos desde hace varias décadas. Hoy, aspectos que antes no eran tratados en el foro público, como la violencia intrafamiliar, el patrimonio de la familia, los derechos de la mujer y de los menores, las relaciones conyugales sobre la base de los derechos de las personas y del propio núcleo familiar, son parte de la agenda social contemporánea. Su tratamiento jurídico nos preocupa, porque según la forma en que el Derecho dé tratamiento a este aspecto, será la influencia en la conformación y la dinámica social que estos grupos adquirirán en el futuro, modificando con ello el rostro de la sociedad en su conjunto.

En este volumen, Julián Güitrón nos ofrece sus más recientes análisis en torno al tratamiento que el Código Civil para el Distrito Federal da al derecho de Familia; retoma análisis continuados desde hace muchos años, pero añade sus nuevas apreciaciones sobre las normas hasta ahora inéditas en este campo. Desde luego, no dudo en afirmar que este trabajo exhaustivo será fuente de reflexión para los especialistas, para los estudiantes y para todos aquellos interesados en dar seguimiento a la familia como fenómeno social, cultural y jurídico.

Dr. Fernando Serrano Migallón, *Boletín bibliográfico mexicano*, Año LXIII, México, DF, septiembre-octubre de 2003, pp. 26 y 18.

Text 6

¿Hay criterios para seleccionar información?

La guerra de los buscadores

Uno de los capítulos más interesantes y menos explorados hasta la actualidad en Internet se relaciona con la generación de miles de millones de páginas y su destreza para recuperarlas a través de los llamados *motores de búsqueda*. Tal tendencia marca un hito en la evolución de Internet y en la formación de prácticas sociales, porque ante esa cantidad de información no queda sino reconocer que uno tiene que volverse un especialista en la búsqueda de datos. Éste será en pocos años más el desafío mayor de quienes pretenden dominar el ciberespacio y es, desde luego, un campo donde el grado de dificultad se incrementa; aquí ya no basta con hacer un *clic* o aprender el abc de la computación; ahora se trata de dominar una serie de indicadores indispensables para llegar al corazón de Internet: la localización de la información que realmente nos hace falta.

En efecto: la recuperación de información es una de las prácticas que mayores desafíos implica no sólo para los usuarios de Internet, sino para las mismas empresas que se han organizado bajo la denominación de motores de búsqueda.

Google, Alltheweb, Dogpile, MSN y *Yahoo* están entre los principales. Entre ellos se han iniciado una verdadera guerra en la cual el indicador más valioso parte del número de páginas que son capaces de colocar bajo su dominio en la actualidad, la gran batalla se lleva a cabo entre *Google* y *Alltheweb*. Mientras la primera afirma tener un dominio de tres mil 500 millones de páginas sobre cuatro mil millones que existen en la Red, (*Overture, Alltheweb* y *Altavista*) señalan un dominio de tres mil 307 millones 998 mil 701 páginas.

Hay varias tendencias en el campo de los contenidos que vale la pena señalar. *Altavista* fue el primer motor de búsqueda que surgió en 1995 más ampliamente reconocido hasta 1996 cuando apareció *Inktomi* con el fin de hacerle la competencia. En esos años, se batió el récord de tener bajo sus motores de búsqueda a 150 millones de documentos únicamente. En 1993 apareció *Alltheweb* con 200 millones de documentos. A partir de ese momento se inició una competencia feroz de cifras entre más de tres mil buscadores que intentan facilitar la recuperación de información que existe en Internet. Investigadores especializados en estas áreas señalan que sólo hay 5% de información que no es localizable en Red a través de buscadores.

Esta batalla nos recuerda los inicios de la proliferación de cámaras de video y la institución de clubes de video para su distribución, a mediados de los años ochenta. El video facilitó un canal más de difusión profesional y no profesional del audiovisual donde podían contarse programas de televisión, películas que no se habían estrenado en México y un video independiente que daba una visión crítica de la realidad mundial y mexicana. Aunque de proporciones más pequeñas que Internet, las casas de video, que podrían ser los equivalentes de los motores de búsqueda, imprimieron un sello de gran diversidad audiovisual en la década de los ochenta. La oferta audiovisual dependía de la visión de los propietarios del videoclub en cuestión. Cuando las grandes compañías distribuidoras de este material se dieron cuenta que con esta modalidad de consumo se abría una nueva posibilidad para el mercado cooptaron la industria al desaparecer las cientos de casas de video independiente. Cabe mencionar que estos videoclubes organizaban y distribuían una oferta realmente variada de material audiovisual. Al surgir los grandes magnates de videoclub (*Blockbuster* y *Videocentros*) estos pequeños motores de búsqueda del audiovisual se perdieron y con ellos la diversidad de su oferta.

Concentración empresarial

Dicha comparación vale la pena porque con Internet está surgiendo una tendencia paralela cuando se habla de motores de búsqueda. Si bien se habla de más de tres mil buscadores en la Red, éstos suelen desaparecer o ser absorbidos por los gigantes: *Google, MSN (Microsoft)* y *Overture (Alltheweb y Altavista)*. Esto quiere decir que así como se perdió con los videoclubes el carácter plural y diverso del video, el que unas cuantas compañías dominan la organización y lógicas de recuperación de contenidos en Internet, representa un enorme riesgo porque de nada nos sirven cuatro mil millones de páginas en la Red si los criterios que prevalecen para su recuperación parten de dos o tres grandes organizadores. Si bien hay una gran variedad de informaciones y de autores virtuales, tiene que existir una forma de recuperación representativa de esta igualdad autoral para que todas las voces puedan ser recuperadas en condiciones semejantes.

Los desafíos son, entonces, múltiples: conservar la pluralidad de criterios para la organización y localización de informaciones en la Red a fin de incrementar la posibilidad de que todos aquellos sujetos que producen información puedan ser fácilmente localizables. Pero, más que nada el gran desafío radica en que tales buscadores encuentren una fórmula para señalar al usuario la página de mayor autoridad en el tema en que se está buscando y no aquélla que les ha pagado por aparecer en la primera línea.

Carmen Gómez Mont,
Revista mexicana de comunicación.
www.mexicanadecomunicacion.com.mx/Tables/RMC/
rmc84/tecnologia.html

Appendix II

Reading and translation resources: dictionaries, newspapers, magazines, and journals

The listings contained in Appendix II are intended to help the student and instructor. There are print and online entries for bilingual general dictionaries, glossaries, and bilingual dictionaries for specialized fields. Also included are listings of entries for print and online editions of Spanish language newspapers, magazines, and professional journals. The purpose of including the listings for newspapers, magazines, and professional journals is to supplement practice in reading and translation from Spanish into English. The entries are by no means exhaustive, and as with all websites, they can become obsolete. Any site offering the translation of a text must be used with extreme caution, because such sites can produce unfaithful and erroneous versions of the original text.

I. Bilingual General Dictionaries (Print Editions)

The American Heritage Spanish Dictionary: Spanish/English, inglés/español. 2nd ed. Boston: Houghton Mifflin, 2001.

Larousse Concise Spanish-English/English-Spanish Dictionary. New York: Larousse Kingfisher Chambers, Inc., 2002.

Larousse Unabridged Spanish-English/English-Spanish Dictionary. New York: Larousse Kingfisher Chambers, Inc., 1999.

The Oxford Spanish Dictionary. Spanish-English/English-Spanish. New York: Oxford University Press, 1997.

Smith, Colin, et al. *Collins Spanish-English, English-Spanish Dictionary: Unabridged.* Harper Collins, 1997.

Steiner, Roger, ed., *Simon & Schuster's International Dictionary: English/Spanish, Spanish/English.* 2nd ed. New York: Simon and Schuster, 1997.

II. Dictionaries of Cognates and Idioms (Print Editions)

Diccionario de expresiones idiomáticas/Dictionary of Idioms. Inglés-español/Español-inglés. London: Harrap's Books, Ltd., 1990.

Hamel, Bernard H. *Hamel's Comprehensive Bilingual Dictionary of Spanish False Cognates.* Los Angeles, CA: Bilingual Book Press, 1998.

III. Bilingual Dictionaries for Specialized Areas (Print Editions)

Gaspar Paricio, Miguel A. *Routledge Spanish Dictionary of Environmental Technology.* London, New York: Routledge, 1998.

Kaplan, Steven M. *English-Spanish, Spanish-English Electrical and Computer Engineering Dictionary.* New York: Wiley, 1996.

_____. *Wiley's English-Spanish, Spanish-English Business Dictionary.* New York: Wiley, 1996.

_____. *Wiley's English-Spanish, Spanish-English Chemistry Dictionary.* New York: Wiley, 1998.

_____. *Wiley's English-Spanish, Spanish-English Dictionary of Psychology and Psychiatry.* New York: Wiley, 1995.

Kennedy, Felicitas. *The Wiley Dictionary of Civil Engineering and Construction: English-Spanish, Spanish-English.* New York: Wiley, 1996.

McElroy, Onyria Herrera. *Spanish-English, English-Spanish Medical Dictionary.* 2nd ed. Boston: Little, Brown, 1996.

Muniz Castro, Emilio G. *Routledge Spanish Dictionary of Business, Commerce and Finance.* London, New York: Routledge, 1998.

_____. *Routledge Spanish Dictionary of Telecommunications: English/Spanish, Spanish/English.* London, New York: Routledge, 1998.

Orellana, Marina. *Glosario internacional para el traductor: Glossary of Selected Terms Used in International Organizations.* 4th ed. Santiago de Chile: Editorial Universitaria, 2003.

Prost, Gary L. *English-Spanish and Spanish-English Glossary of Geoscience Terms. Diccionario inglés-español y español-inglés de términos de geociencias.* Australia: Gordon and Breach Science Publishers, 1997.

Sánchez, Nora. *Accounting Dictionary, English-Spanish, Spanish-English, Spanish-Spanish. Diccionario de contabilidad, inglés-español, español-inglés, español-español.* Hoboken, NJ: Wiley, 2003.

West, Thomas L. *Spanish-English Dictionary of Law and Business.* Atlanta: Protea Publications, 1999.

IV. Bilingual Online Dictionaries

Portal of Spes Editorial, which publishes Larousse, Harrap's, and Vox dictionaries. www.diccionarios.com

www.diccionarios.elmundo.es

Cambridge University Press Dictionaries online. www.dictionary.cambridge.org

Eurodicautom (The European Commission's multilingual term bank.) www.europa.eu.int/eurodicautom/login.jsp

www.foreignword.com (Can handle word and text translations. For text translations, caution is advised, since machine translations often translate a text word for word, resulting in a garbled version.)

www.freedict.com/onldict/spa.html

www.wordfast.net (Wordfast is a translation memory engine. Best used with caution and only to access vocabulary.)

www.yourdictionary.com

V. Spanish Language Newspapers (Print Editions)

ABC (Madrid, Spain)

Cinco Días (Spain: Business)

El Economista (Mexico)

El Espectador (Columbia)

Excelsior (Mexico)

El Mundo (Spain)

La Nación (Costa Rica)

La Nación (Argentina)

El Nacional (Mexico)

El Nuevo Herald (Miami)

El País (Spain)

El País (Montevideo, Uruguay)

La Tercera (Chile)

El Tiempo (Columbia)

VI. Newspapers (Online Editions)

Newspapers and Magazines

All You Can Read www.allyoucanread.com

Newspapers of the World on the Internet www.actualidad.com

www.onlinenewspapers.com

Spanish Language Online Newspapers

Some of these digital editions may charge fees.

ABC (Spain) www.abc.es

Cinco Días (Spain) www.cincodias.com

Clarín (Argentina) www.clarin.com

El Mercurio (Chile) www.emol.com

El Mundo (Spain) www.elmundo.es

El Nacional (Dominican Republic) elnacional.com.do

El País (Spain) www.elpais.es

El Tiempo (Columbia) eltiempo.terra.com.co

El Universal (Mexico) www.el-universal.com.mx

VII. Magazines (Print Editions)

Américas (Publication of the Organization of American States)

Cambio16 (Spain)

¿Cómoves? (Mexico)

Leer (Spain: review of books in various fields)

Muy interesante (México)

Muy interesante (Spain)

Quimera (Spain: review of books in various fields)

Revista Poder (Miami) (A leading review of Latin American business.)

VIII. Magazines Online

Cambio16 (Spain) www.cambio16.info

¿Cómoves? (Mexico) www.comoves.unam.mx

Leer (Spain: review of books) www.revistaleer.com

Muy interesante (Spain) www.muyinteresante.es

Quimera (Spain: review of books) www.barcelonareview.com

Revista Poder (Miami) www.revistapoder.com

IX. Spanish Language Professional Journals (Print Editions)

Anuario social y político de América Latina y el Caribe. Caracas: FLACSO: Editorial Nueva Sociedad. ISSN: 1316-7162.

Archivo español de arqueología. Madrid: Consejo Superior de Investigaciones Científicas. Instituto Español de Arqueología. ISSN: 0066-6742.

Archivo español de arte. Madrid: Instituto Diego Velázquez. ISSN: 0004-0428.

Arenal: revista de historia de las mujeres. Granada, Spain: Universidad de Granada. ISSN: 1134-6396.

Boletín de la Real Academia de la Historia. Madrid: Real Academia de la Historia. ISSN: 0034-0626.

Boletín demográfico. Santiago de Chile: CELADE. ISSN: 0378-5386; 0503-3926.

Boletín estadístico de la OEA/Statistical Bulletin of the OAS. Washington, DC: Secretaría General, Organización de los Estados Americanos. ISSN: 0250-6092.

La Educación. Washington, DC: Departamento de Asuntos Educativos, Secretaría General de la O.E.A. ISSN: 0013-1059; 0250-6130.

Interciencia. Caracas: Asociación Interciencia. ISSN: 0378-1844.

Pensamiento: revista trimestral de investigación e información filosófica. Madrid. ISSN: 0031-4749.

Revista de política internacional. Madrid: Centro de Estudios Constitucionales. ISSN: 0034-8716.

Revista panamericana de salud pública/ Pan American Journal of Public Health. Washington, DC: Pan American Health Organization. ISSN: 1020-4989.

Studia historica. Historia contemporánea. Salamanca, Spain: Ediciones Universidad de Salamanca. ISSN: 0213-2087.

X. Spanish Language Professional Journals (Online Editions)

NewJour, the Internet list for new journals and newsletters available on the Internet gort.ucsd.edu/newjour

Revista Comunicación (Costa Rica) www.itcr.ac.cr/revistacomunicacion

Revista Electrónica de Psicología www.psiquiatria.com/psicologia

Revista mexicana de astronomía y astrofísica www.adsabs.harvard.edu/journals_service.html

Revista panamericana de salud pública www.scielosp.org/rpsp

www.scielo.org (SciELO: Scientific Electronic Library Online. Good source for Spanish language journals in the sciences.)

Index

180 INDEX